Personal Color &
Silhouette Type
Fashion Rule Book

骨格診断® と パーソナルカラー診断 で
わたしの魅力を引き出す

似合う服のルール

(社)骨格診断ファッションアナリスト認定協会代表理事
二神弓子　監修

(社)骨格診断ファッションアナリスト認定協会理事、イメージコンサルタント
森本のり子　著

はじめに

本書は、2015年の発売から今もなお多くのみなさまにご好評をいただいている『骨格診断® とパーソナルカラー診断で見つける似合う服の法則』の改訂版として、今回再編集したものです。

本書の制作にあたっては、本をゆっくり読む時間がなかなかとれないという方にも読んでいただけるよう、「似合う服の選び方」をぎゅっとコンパクトな内容に凝縮してまとめました。要点がすっと自然に頭に入ってくる、とてもわかりやすい一冊になったと自負しております。

さらにパーソナルカラー診断をよりイメージしやすいよう、〝自分色〟が見つかる4タイプの布をお付けしました。

また「服を買うときに参考になる」とのお声をたくさんいただいたコーディネートのイラストについては、紙面のサイズをぐんと大きくしたことで、より見やすくなりました。イラストの一部は今回のために描き直したもので、最旬のトレンドにも対応したものとなっています。

本書でご紹介している「パーソナルカラー診断」と「骨格診断」を試していただければ、あなたに似合う「色」と「シルエット」がわかります。これらは生涯変わることがありませんので、一度知っておけば、年齢を重ねても、体型が変化しても、特別な美的センスがなくても、いつだってあなたの魅力を引き出すおしゃれを楽しめるようになります。

さらに2つの診断結果のかけ合わせからなる12タイプについて、それぞれに似合うコーディネート例を載せました。わかりやすく解説してありますので、ワードローブづくりの参考にもしていただければと思います。

あなたならではの魅力が際立つ装いが、日々の暮らしを、今よりももっと楽しく心穏やかなものにしてくれますように。

2017年8月　著者　森本のり子

もくじ

Prologue

‖ パーソナルカラー診断 ‖

Chapter 1 わたしにぴったりの「自分色」をつかむ

‖ 骨格診断 ‖

Chapter 2 わたしが輝く「自分シルエット」をつかむ

‖ かけ合わせ例 ‖

Chapter 3 「自分色」×「自分シルエット」でつくるコーディネート

骨格診断®とパーソナルカラー診断で
わたしの魅力を引き出す　似合う服のルール

自宅で今すぐ試せます！

あなたの自分色が見つかる！　４タイプの布

自分に似合う色を探すための、４枚セットの布です。袋から出して、つかってください。
詳しい診断方法は、P.10-11をチェック！

日本文芸社

※ふろくをはがした跡が気になる場合は、こちらの点線から切り取ってください。

ふろく布を
つかった

セルフ診断に準備しておく基本グッズ

ふろくの布をつかえば、あなたの魅力を引き出す似合う色（カラータイプ）がわかります。必要なグッズが用意できたら、顔映りの違いがよくわかるよう、診断に適した環境でさっそくセルフ診断にトライしてみましょう。

鏡

鏡は大きいものほど、顔映りの違いがわかりやすいので、大きめのメイクミラー、または姿見がおすすめです。

ふろく布

自分に似合う色を探せる４枚セットの布。診断時の“似合う”“似合わない”の見た目による差ができるだけわかりやすく現れるよう、「スプリング」「サマー」「オータム」「ウインター」それぞれのカラータイプの特徴的な色でつくりました。

ふろく布を胸元にあて、同色の服を着た姿をイメージしながら顔映りの違いを観察してみてください。

メイク落とし

診断は本来の顔の状態がわかりやすいスッピンで行なうのが基本です。濃いメイクは誤診断の原因になりがちなのでNG。

メイクは落として

メイク道具は不要ですが、手持ちのチークやリップがたくさんあるなら、肌に自然になじむのはどのカラータイプに含まれる「ピンク色」なのか、つけ比べてみるのも診断の参考になります。

自然光の入る部屋

診断は自然光の入る窓際など、室内の明るい場所で行ないましょう。自然光のもとで診断することが大切なので、天気のいい日中が最もおすすめ。

パーソナルカラー診断　骨格診断

「自分色」×「自分シルエット」のステップ

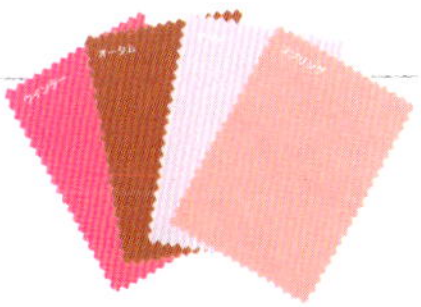

本書 P.16〜

Step 1

〈Chapter1〉パーソナルカラー診断

「自分色」を見つける

ふろくの４枚の布をつかって、自分に似合う「色」を診断します。“よく着る色”“好みの色”“キャラに合った色”といった先入観にとらわれてしまわないよう、マネキンにでもなったつもりで、顔映りがいちばんよく見える色を冷静に観察してみましょう。

似合う「色」の効果

- **美肌に見える**
  （シミやソバカスが目立たなくなる）
- **小顔に見える**
  （顔に立体感が出て引き締まる）
- **目力がアップする**
  （瞳の印象が際立つ）

本書 P.30〜

Step 2

〈Chapter2〉骨格診断

「自分シルエット」を見つける

服のシルエットは「形」と「素材感」のかけ合わせによってきまります。生まれつきの身体の特徴に基づいた自分の骨格タイプを診断することで、全身のバランスを整え、体型のもつ個性を美しく引き立ててくれる、似合う服の「形」と「素材感」がわかります。

似合う「シルエット」の効果

- **着やせして見える**
  （ボリュームのある部位が目立たなくなる）
- **スタイルがよく見える**
  （引きで見た全身のバランスが美しくなる）
- **垢抜けた印象になる**
  （身体の質感と服地の質感が調和する）

本書 P.48〜

Step 3

〈Chapter3〉パーソナルカラー診断×骨格診断

自分に似合う「コーディネート」を見つける

Step1で見つけた「自分色」と、Step2で見つけた「自分シルエット」のかけ合わせ結果は12パターンに分かれます。ここでは12パターンそれぞれに似合うコーディネートを確認できるので、ぜひ参考にしてください。

似合う「コーディネート」の効果

- **どの距離から見ても洗練された印象に！**
  （近くで見た際の顔映りも、引きで見た全身のバランスも、どちらも美しくなる）
- **ごくふつうの服もおしゃれな雰囲気に！**
  （色・形・素材感のすべてが似合っている着こなしは、あなたの魅力を最大限に引き出す）

Prologue

「パーソナルカラー診断」「骨格診断」ってなに？

垢抜けない原因は、「色」と「シルエット」に！

「すてき！」と一目惚れした服。さっそく鏡の前で着てみたけれど、期待していたのとはかけ離れた姿にがっかりした——そんな経験はありませんか。

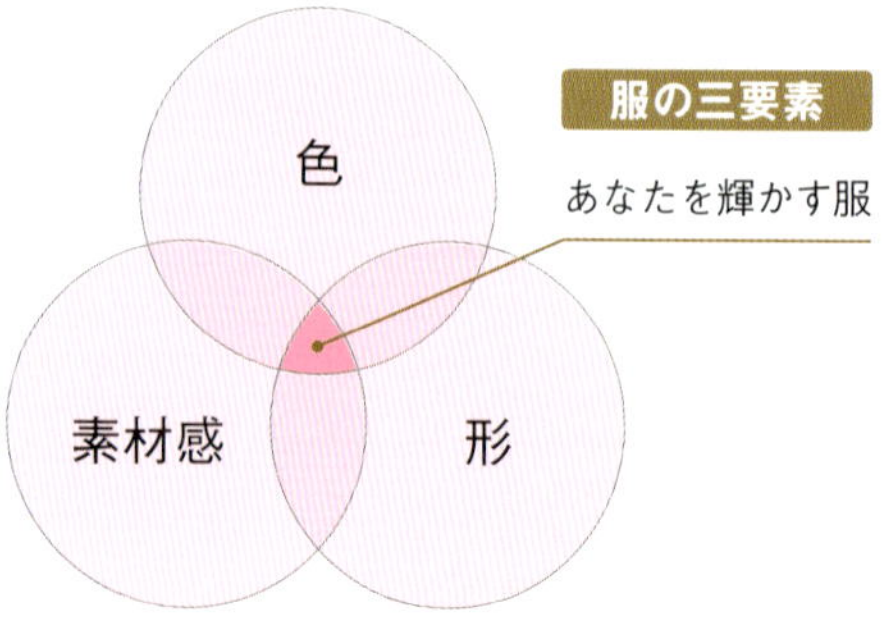

服には「色」「形」「素材感」の３つの要素があり、これらのすべてが似合っている服は、あなたの魅力を最大限に引き出します。本書では「形」と「素材感」を合わせてシルエットと呼んでいます。似合う色はパーソナルカラー診断、似合うシルエットは骨格診断からわかります。

そんなとき、「スタイルがよくないから」「センスがないから」などと諦めモードにならないで。なぜならそれは、その服の「色」もしくは「シルエット」が、あなたに似合わないものだっただけのことだからです。

あなたの魅力を半減させる「犯人」とは

似合わない「色」の服は、顔色をくすませて疲れたような印象を与えてしまうもの。同様に似合わない「シルエット」の服も、着太りの要因になるなどスタイルをわるく見せます。

生まれつきの〝肌色〟と〝体型〟の特徴を知ることから！

じつは、似合う服の「色」と「シルエット」は、生まれつきの〝肌色〟と〝体型〟の特徴によってきまります。

〝肌色〟の特徴というのは、ここでは身体の表面色全体を指します。肌、瞳、頬、唇などのもつ色味の特徴のことです。

〝体型〟の特徴というのは、肌の質感（筋肉・脂肪・骨格のいずれに存在感があるかによってきまる）やボディラインに見られる特徴のことを指します。

似合う「色」は顔を美しく引き立てる

たとえば、黒目がちの瞳、透けるような色白の肌の人が、黄色を含んだシェルピンクの服を着れば顔がくすんで見えてしまいますが、青色を含んだパールピンクの服なら、肌が美しく見えとてもよく似合います（左ページ下イラスト）。

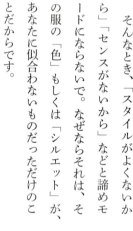

このように同じ淡いピンクでも、似合う色は人によって異なるのです。

似合う「シルエット」は女性らしさを引き立てる

また、たとえばグラマラスなメリハリボディの人が、ふんわりしたブラウスに、ふんわりしたフレアスカートを合わせたとすれば、服のもつやわらかな素材感が、豊かなハリ感をもつ身体に対してはどこかちぐはぐな印象になりがちです。さらに身体の厚みを拾って着太りしてしまうことも多いでしょう。

一方で、きれいめなシャツに、ハリ感のある上質な素材のタイトスカートを合わせれば、メリハリのあるボディラインが美しく引き立ち、品のある女性らしさが際立ちます（左上イラスト）。

「色」と「シルエット」を極める！

つまり、あなたの魅力を最大限に引き立てる似合う着こなしをするためには、自分に合った「色」と「シルエット」をおさえておけばいいのです。

ちなみに服の「シルエット」については、〝形〟と〝素材感〟の組み合わせによってきまるため、「色」に比べると、最初のうちは見分けるのが少し難しいかもしれません。

でも慣れてしまえば、試着時に一瞬で見分けがつくようになるものなので、ぜひじっくりと本書を読み込んでいただければと思います。

グラマラスなメリハリボディの人の場合

似合うor似合わないシルエット

ふんわりした服のやわらかな素材感が、豊かなハリ感をもつ身体に対してはどこかちぐはぐな印象になりがち。さらに身体の厚みを拾って着太りしてしまうことも。

メリハリボディの人は、ハリ感のある上質な素材をつかったシンプルな着こなしがお似合い。タイトすぎずゆるすぎずのちょうどよいサイズ感で、ボディラインをほどよく出すときれい。

透けるような色白肌の人の場合

似合うor似合わない色

顔色をくすませ疲れたような印象に。さらに顔をのっぺりと平面的に見せてしまいがちです。

顔を美しく健康的に見せます。顔を立体的に見せるので小顔効果も。瞳の印象も際立ちます。

自分色

パーソナルカラー診断では こんなことがわかる！

1
身体の表面色（肌、瞳、頬、唇の色など）に調和するのが似合う色。それがあなたのパーソナルカラー。

2
「スプリング」「サマー」「オータム」「ウインター」の4タイプに分かれ、それぞれに似合う色がある。

3
顔映りがいい似合う色は身につけたときに違和感を与えない色なので、特に第一印象に効く。

4
似合う色は見る人に安定感や安心感を与えるもの。身につけるだけで自然と好感をもってもらえる。

5
着こなしだけでなく、メイクやヘアカラーにもパーソナルカラーを取り入れると洗練された印象に。

スプリング　**サマー**　**オータム**　**ウインター**

診断結果は４タイプ → **詳しくはChapter1で紹介**

自分シルエット

骨格診断では こんなことがわかる！

1

“身体の質感”と“ボディラインの特徴”を引き立てる、似合う服の「シルエット」がわかる。

2

身体の質感は大きく3つ。「ハリのある質感」「やわらかな質感」「肉感的なものを感じさせない質感」など。

3

「シルエット」は“形”と“素材感”の組み合わせによってできる。見分けるには少し慣れも必要。

4

「ストレート」「ウェーブ」「ナチュラル」の3タイプに分かれ、筋肉や脂肪のつき方にも特徴がある。

5

骨格タイプごとに身体の重心位置が異なるため、それぞれに似合う着こなしのバランスがある。

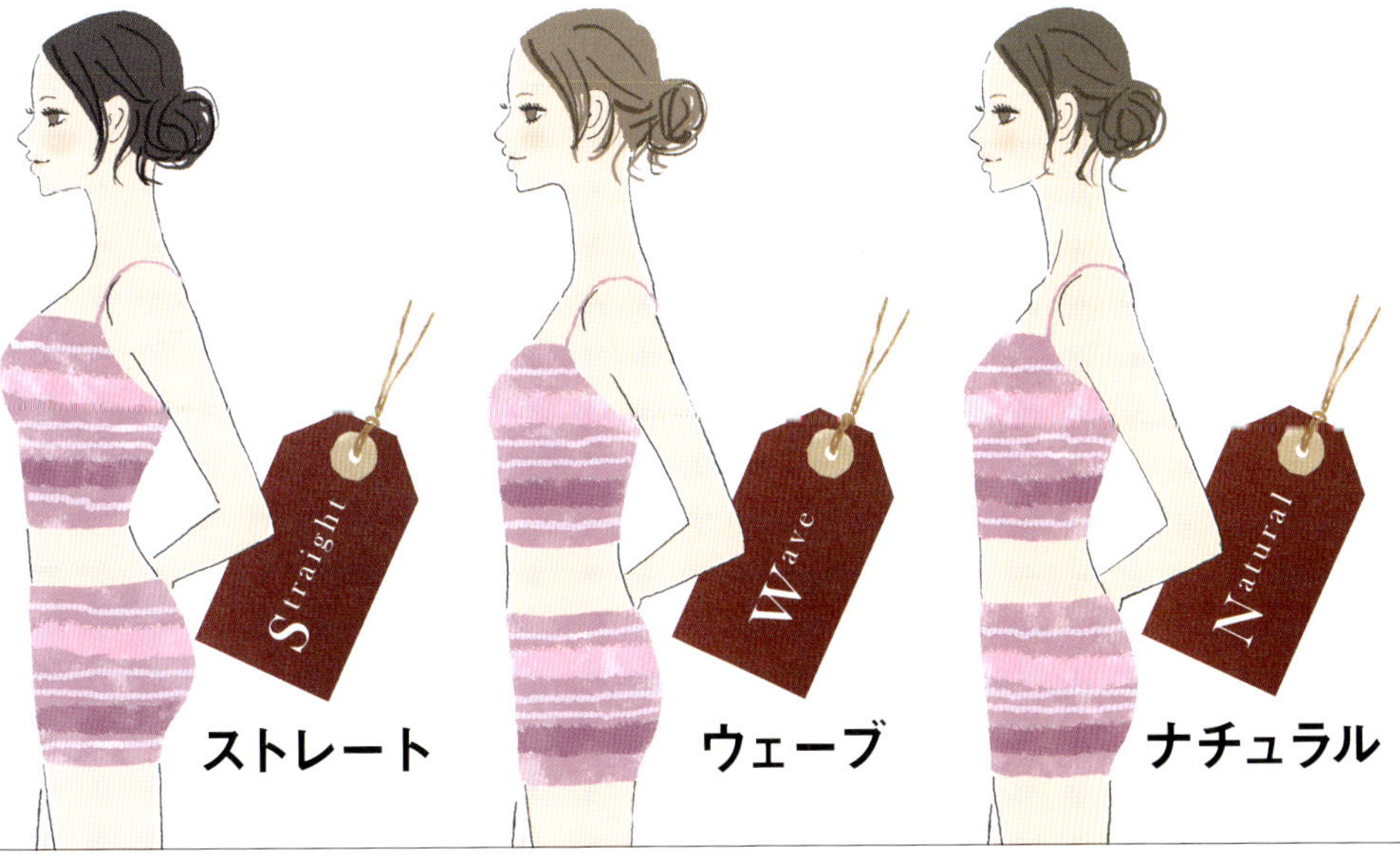

診断結果は３タイプ → 詳しくはChapter2で紹介

ふろく布をつかって！

あなたはどのタイプ？

カラータイプをセルフ診断

あなたに似合う色をセルフ診断し、「自分色」を見つけましょう。
（パーソナルカラーについて、詳しくは16ページ～を参照）。

1

スプリングとサマーを胸元にあてる

「スプリング」と「サマー」の布を、鏡の前で服をあてるようなイメージで、胸元にあててみてください。顔映りがよいのはどちらですか？　わかりにくい場合は、布の上に手の平を乗せ、より肌色が美しく見えるほうを選びます。

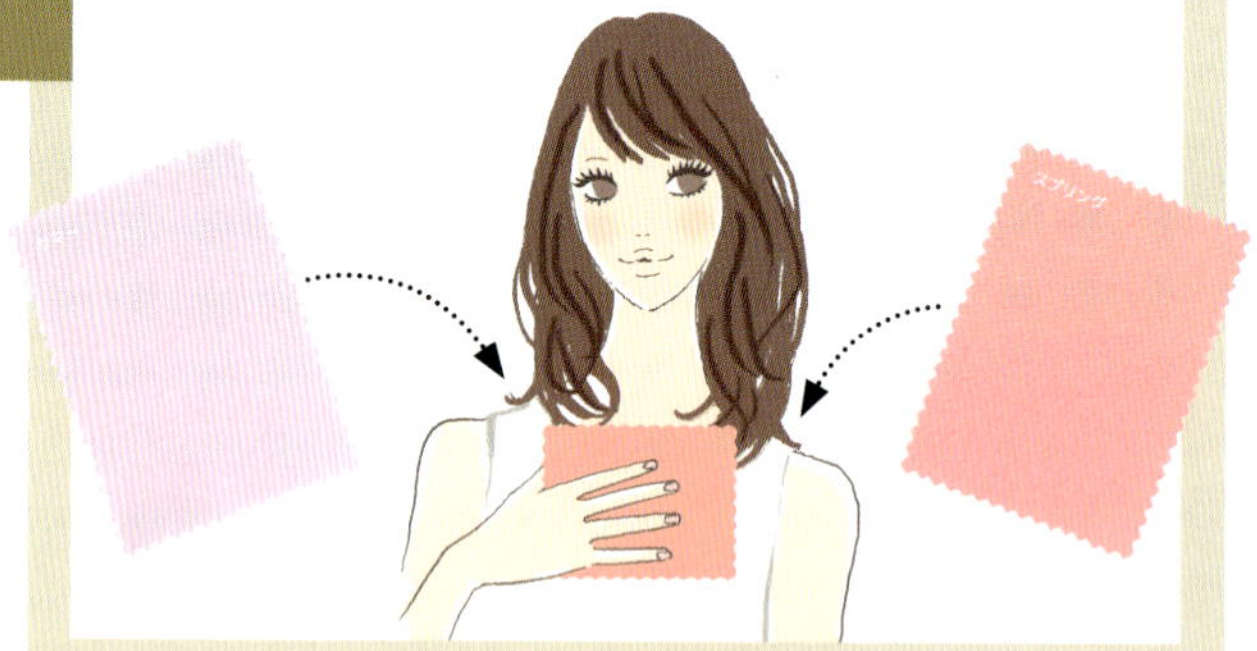

2

オータムとウインターを胸元にあてる

次に「オータム」と「ウインター」の布を、1と同じように胸元にあててみてください。顔映りがよいのは、どちらの色ですか？　わかりにくい場合は、布の上に手の平を乗せ、より肌色が美しく見えるほうを選びます。

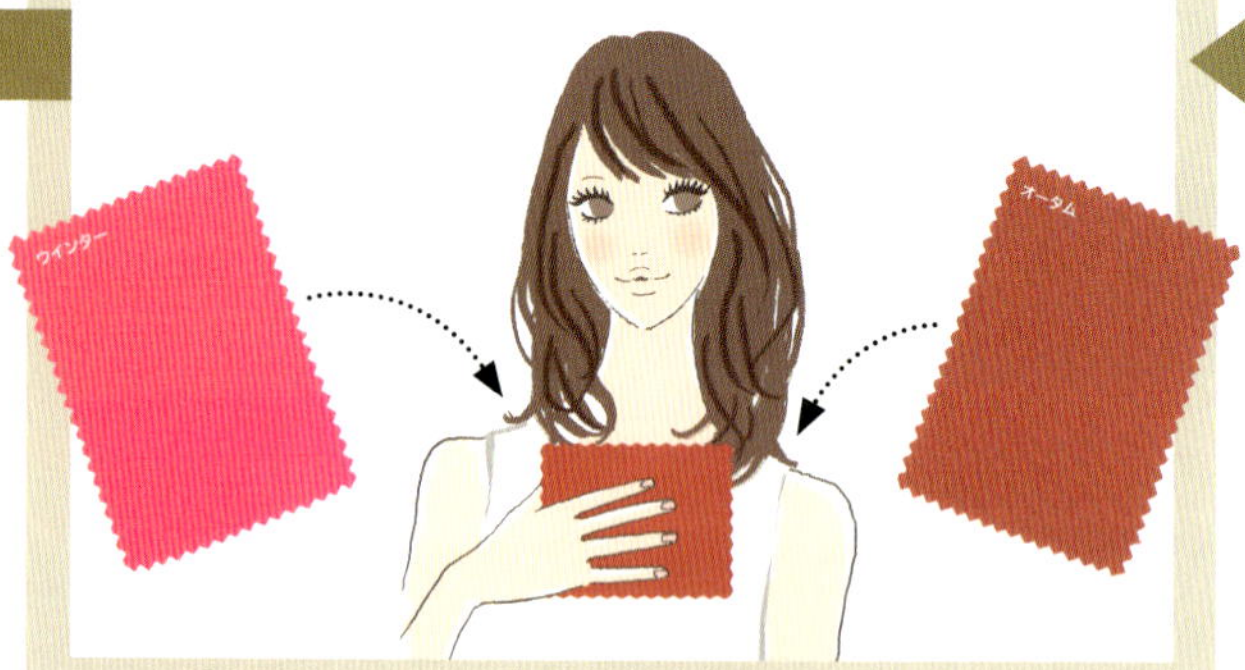

「顔映りがいいorわるい」の見極め方

【似合う色の見え方】

＊健康的な顔色になる
＊顔がリフトアップして若々しくなる
＊顔に立体感が出て小顔になる
＊顎のラインがシャープになる
＊瞳の印象が際立って目力が出る
＊肌のアラ（※）が目立たなくなる
＊顔と布の色がなじんで違和感がない

【似合わない色の見え方】

＊不健康な顔色になる
＊顔が下がって老けた印象になる
＊顔がのっぺりと平面的になる
＊顎のラインがたるむ
＊瞳がくすんで目立たない
＊肌のアラ（※）が目立つ
＊顔と布の色がなじまず違和感がある

スプリングタイプの場合

布をあてた際の顔の見え方の特徴

〈スプリング〉若々しく可憐な魅力が際立つ♡
〈サマー〉顔色がわるく見える
〈オータム〉布の色が重たく感じられる
〈ウインター〉顔が白浮きしたり青白くなる

※「肌のアラ」…ニキビ・皺・くすみ・シミ・そばかす・クマなど。

診断には自然光の入る明るい室内が最適。

メイクは落としてすっぴんで！

3

1・2で選んだ色を交互にあてる

前述の1、2で選んだ布を、繰り返し交互に、顔の近くにあててみてください。顔映りがよく、きれいに見えるのはどちらですか？　わかりにくい場合は、布の上に手の平を交互に乗せ、より肌色が美しく見えるほうを選びます。

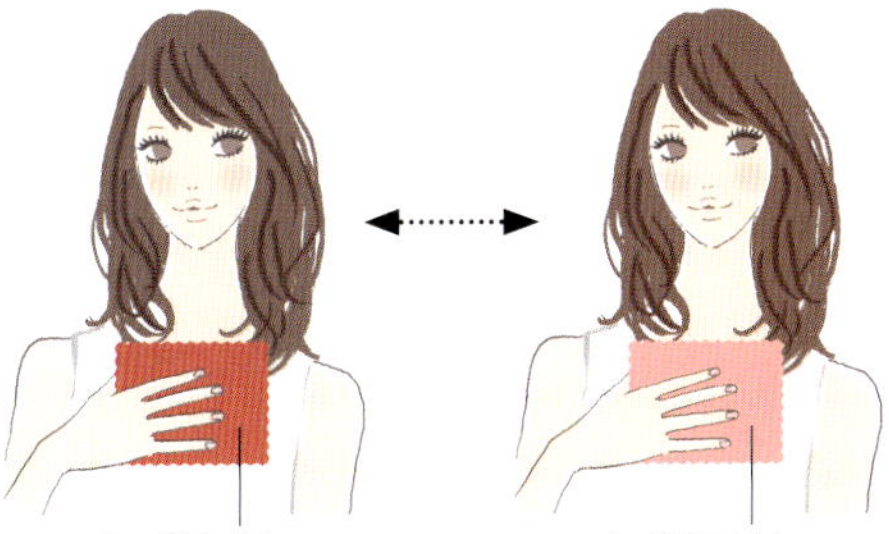

4

3で選んだカラーがあなたの「自分色」

3で選んだ布が、あなたの自分色です。各タイプの解説ページを確認してください。
なお1〜3の手順で迷うところがあった際には、下段の内容も合わせて参考にしてみてください。

ウインターがいちばん似合う P.24

オータムがいちばん似合う P.22

サマーがいちばん似合う P.20

スプリングがいちばん似合う P.18

ウインタータイプの場合

布をあてた際の顔の見え方の特徴

〈スプリング〉顔色がわるく見える
〈サマー〉布の色が物足りなく、寂しい印象
〈オータム〉顔色がわるく見える、疲れた印象
〈ウインター〉華やかな存在感が際立つ♡

オータムタイプの場合

布をあてた際の顔の見え方の特徴

〈スプリング〉布の色がチープな感じに見える
〈サマー〉顔色がわるく見える
〈オータム〉洗練された大人の女らしさが際立つ♡
〈ウインター〉顔が浮く、布の色が派手に見える

サマータイプの場合

布をあてた際の顔の見え方の特徴

〈スプリング〉顔色がわるく見える
〈サマー〉上品でフェミニンな魅力が際立つ♡
〈オータム〉顔色がわるく見える、老けて見える
〈ウインター〉布の色に負ける

図解でわかる！

自分シルエット

あなたはどのタイプ？

骨格タイプをセルフ診断

あなたの身体をセルフ診断し、「自分の骨格タイプ」を見つけましょう。自分の身体の特徴にあてはまる項目にチェックをつけてください（骨格診断について、詳しくは30ページ～を参照）。

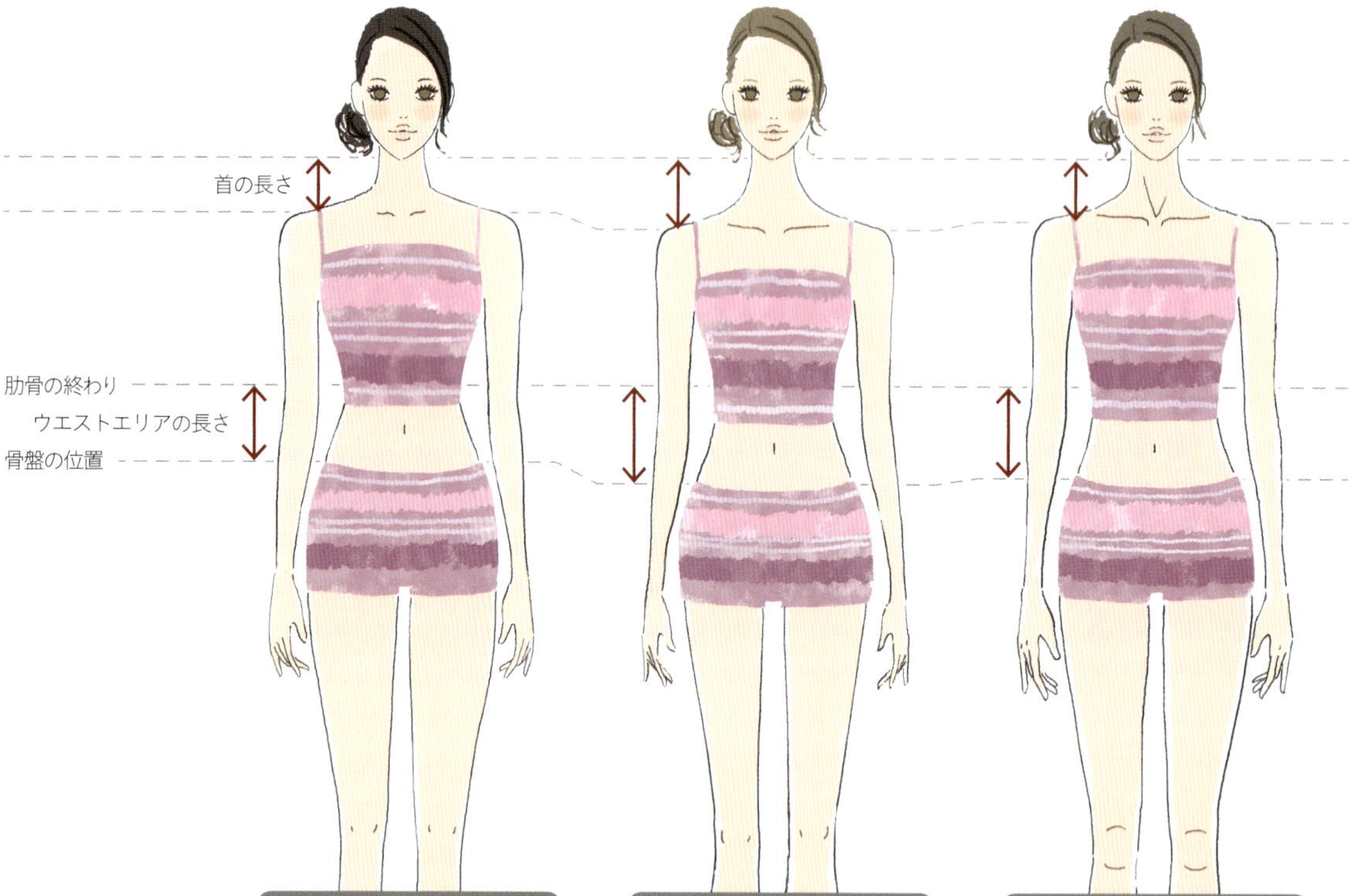

正面　チェックシート

	ストレート	ウェーブ	ナチュラル
質感など	□ 筋肉がつきやすい □ 肉厚 □ 豊かなハリ感の肌	□ 筋肉がつきにくい □ 肉薄 □ やわらかい質感の肌	□ 骨格・関節に存在感 □ 肉感的なものを感じさせない肌
首・鎖骨	□ 首は短めで太さは均一 □ 鎖骨は目立たない	□ 首は長め □ 鎖骨は華奢な印象	□ 首は筋張った印象 □ 首の長さは個人差あり □ 鎖骨は大きく目立つ
手足	□ 手首は厚く幅は細い □ 手は肉厚 □ 小さい手足（身長比）	□ 手首は薄く平べったい □ 手は肉薄 □ 手足の大きさは身長相応	□ 手首の関節が目立つ □ 手は筋張った印象 □ 大きな手足（身長比）
脚	□ ヒザ下が細め □ ヒザの皿は小さめ	□ 太ももは細い □ ヒザの皿が出ている	□ すねの骨が目立つ □ ヒザの皿は長く大きい

左ページの「側面」もチェック

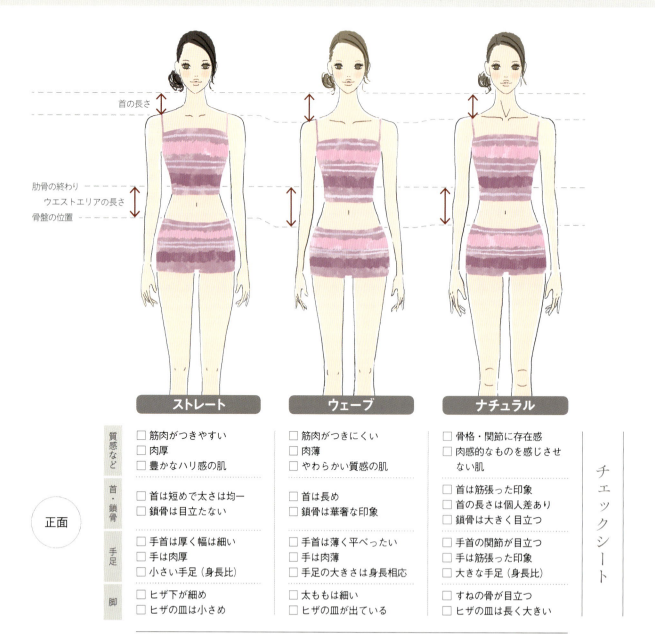

1
自分にあてはまる項目をチェック

チェックシートを読んで、あてはまると思うものにチェックを入れてください。迷った際にはボディのイラストも参考にしてみましょう。家族や友人に聞いてみるのもおすすめです。

2
いちばん多くチェックがついたタイプがあなたの「自分シルエット」

ひとつの骨格タイプにばかりチェックがついたという人は、そのタイプの典型的な特徴をもっているといえます。一方、２つ以上の骨格タイプにおいてチェックのついた数にあまり差がない場合は、複数のタイプの特徴を併せもっている人かもしれません。その場合は30～31ページを参考にしてください。

自分シルエットを
見つけるステップ

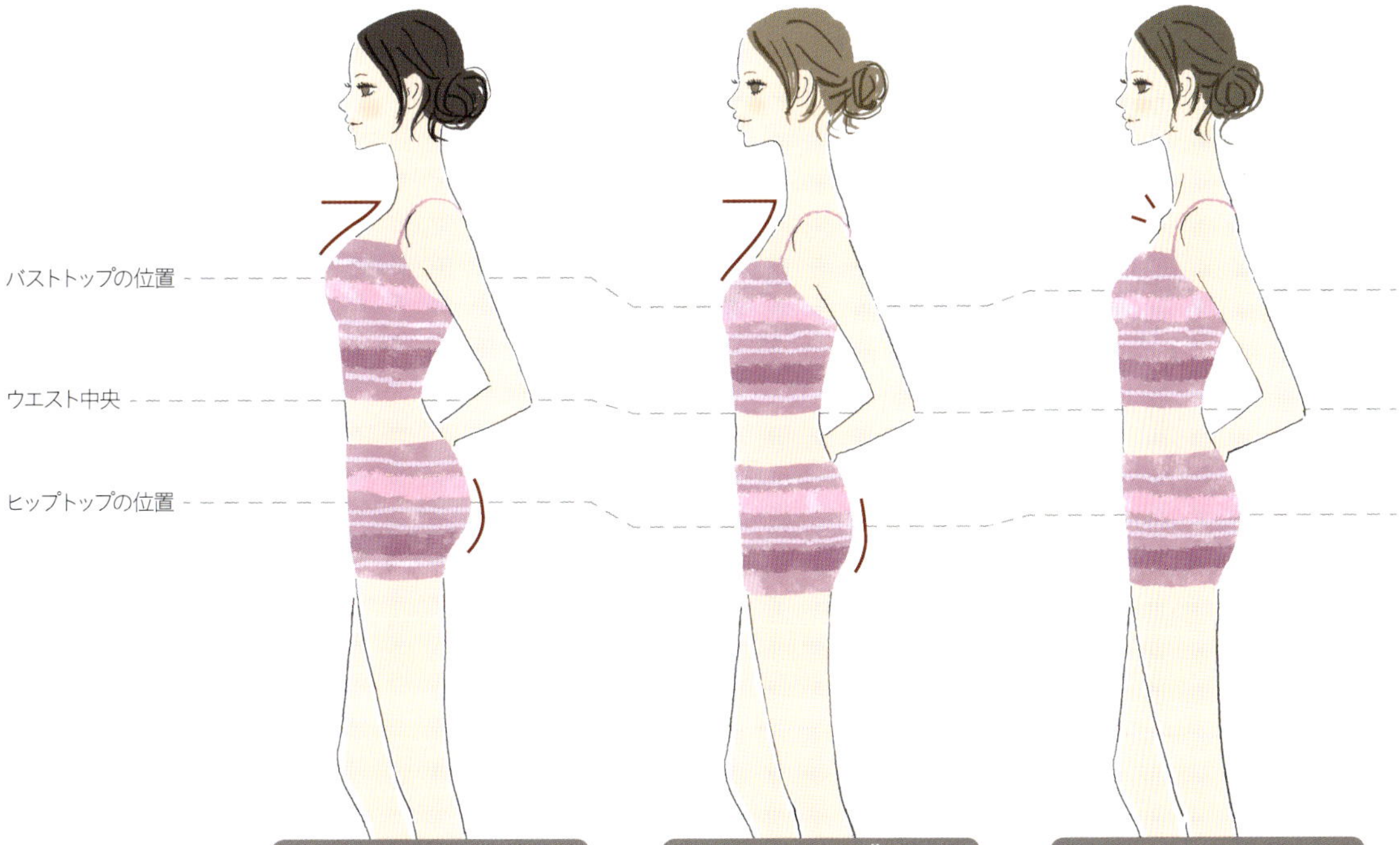

チェックシート

側面	ストレート	ウェーブ	ナチュラル
胸元	□ 胸元に厚さがある □ バストトップは高め □ バージスライン（※）は狭い	□ 胸元が薄い □ バストトップは低め	□ 胸の厚みは個人差あり □ バージスライン（※）は広い
ウエスト	□ 骨盤位置が高い □ ウエストエリアは短め	□ 骨盤位置が低い □ ウエストエリアは長め	□ ウエストエリアの長さは平均的
ヒップ	□ 位置が高い □ 豊かなボリューム	□ 位置が低い □ 平たくなだらか	□ 位置やボリュームには個人差あり
	右ページと合わせてチェックがいちばん多い ↓ P.32、34～37	右ページと合わせてチェックがいちばん多い ↓ P.32～33、38～41	右ページと合わせてチェックがいちばん多い ↓ P.33、42～45

※「バージスライン」…バストの底辺側にある輪郭線のこと。

Column

“自分軸”のある洗練ワードローブのつくり方

理想のワードローブとは？

アイテムの数こそ少なくても、日々のおしゃれが心を満たしてくれているとしたら、それはとてもすてきなこと。まさに理想のワードローブといえます。

そのためにいちばん大切なことは、“自分軸”を明確にし、ファッションの方向性をはっきりさせることです。目指すイメージがクリアになるほど、本当に必要なアイテムは、実はそれほど多くなかったと自覚させられるケースは多いでしょう。

方向性を見つけるための「コラージュ」

自分軸がよくわからないという人は、「なりたい自分」をできるだけリアルにイメージした「コラージュ」をつくってみるのがおすすめ。どんなコーディネートがふさわしいのか、「自分色」と「自分シルエット」を取り入れながら、自由な気持ちでファッション誌を切り抜いてみてください。

大きめのノートや台紙に貼りつければ、あなたのなりたいイメージをビジュアル化したコラージュの完成。ファッションの方向性もおのずと定まってくるはずです。

コラージュづくりの準備

＊ハサミor カッター

＊ノリor マスキングテープ

＊スケッチブックなどの
大きめのノートや台紙

＊好みの雑誌
（できれば３冊以上）

コラージュづくりのポイント

まずは雑誌を見て「自分シルエット（自分の骨格タイプ）」にあてはまりそうなコーディネートを探し、その中から気に入ったものを切り抜いてノートに貼りつけます（「自分シルエット」と完璧に一致しなくてもOK）。

そして、「自分シルエット」や「自分色」の条件にあてはまらない部分に、「縦のVネックに」「インナーは○色に」などと、形や色についてメモをします。

「自分色」については、パーソナルカラーのパレット（18～24ページ）で、実際に色を確認しながら進めましょう。

色をイメージしにくければ、「自分色」がつかわれているほかのアイテムの写真を丸く切り抜き（アイテムの形は無視）、色の見本として貼りつけておくのもおすすめ

コラージュにはキーワードを添える

コラージュが完成したら、思い浮かんだイメージを複数のキーワードに落とし込んでみましょう（たとえば「凛とした」「透明感のある」「知的な雰囲気」など）。ビジュアルイメージを言葉にすることで、目指したい方向性がさらに研ぎ澄まされます。あとは、書き込んだキーワードにふさわしい自分を目指すのみ！

ショッピングの際にも、キーワードをイメージしながらアイテムを選べば、統一感のある、洗練されたワードローブがつくれるようになります。

コラージュづくりは手間がかかるけれどその効果は絶大です。ぜひ楽しみながら取り組んでみて！

Chapter 1

‖ パーソナルカラー診断 ‖

わたしにぴったりの「自分色」をつかむ

Ｃｈａｐｔｅｒ１ではパーソナルカラーについて詳しく解説をしていきます。

あなたのカラータイプはどのような表情をもつ色が集まったグループなのか。色が織りなす豊かな世界を堪能しながら、楽しく理解を深めていただければと思います。

そして「自分色」がわかったら、さっそく服やメイクに取り入れてみましょう。あなたの魅力が一層引き立ちます。

また後半のページでは、誰にでもできる垢抜け配色のつくり方を紹介しています。優れた色彩センスがなくても、コツさえつかんでしまえば、洗練された配色をつくることはじつは簡単なのです。ぜひ参考にしてください。

Personal Color

あなたのカラータイプから似合う「色」を知る

セルフ診断のコツは？

パーソナルカラーのセルフ診断では、普段着なれている色をつい「似合う」と判断してしまいがちなもの。「見慣れていること」と「似合うこと」を混同しないよう気をつけましょう。

できれば誰かほかの人にも一緒に見てもらうのがおすすめです。

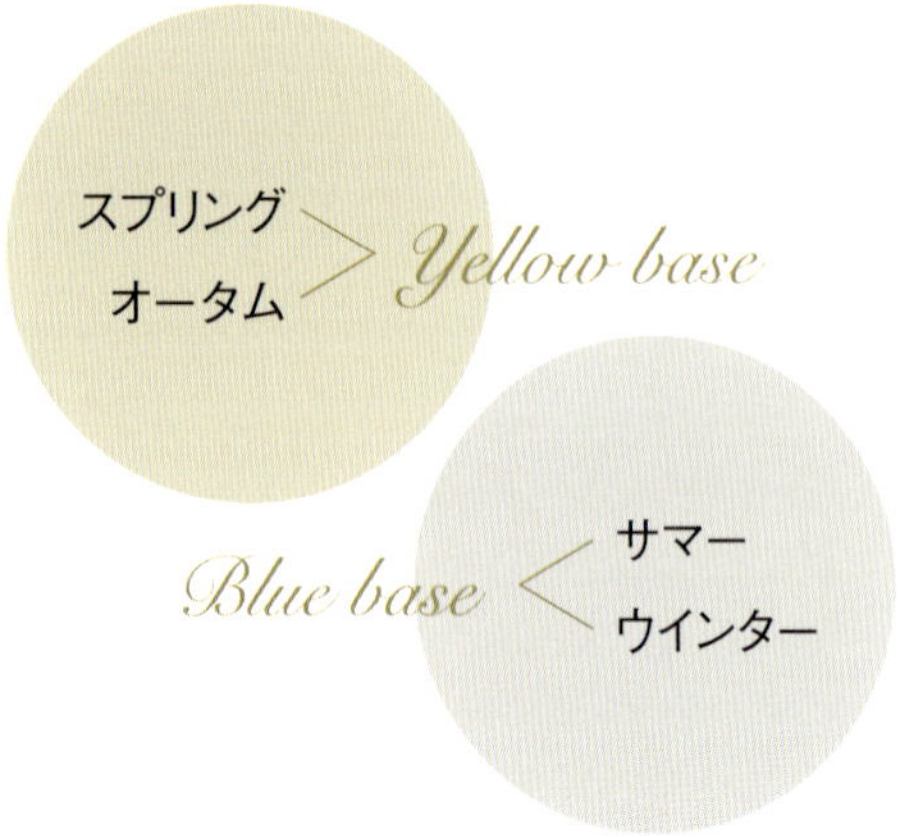

４つのカラータイプは、黄色を含んだ暖かみのある色が似合う「イエローベース」と、青色を含んだ涼しげな色が似合う「ブルーベース」に分かれます。スプリングタイプとオータムタイプは「イエローベース」、サマータイプとウインタータイプは「ブルーベース」に分類されます。

ベースカラーを知るだけでも一気に垢抜ける！

イエローベース（スプリング＆オータム）とブルーベース（サマー＆ウインター）の大きな違いは、似合う基本カラーにあります。

【イエローベースに似合う基本カラー】

＊ベーシックカラー（※）：ベージュ系
＊貴金属の色：ゴールド系
＊チーク＆リップ：オレンジ系の黄みピンク

【ブルーベースに似合う基本カラー】

＊ベーシックカラー（※）：グレー系
＊貴金属の色：シルバー系
＊チーク＆リップカラー：ローズ系の青みピンク

自分に似合う基本カラーを身につけるだけでも、ずいぶんと垢抜けた印象に変わるもの。

診断に迷ったときには、ベースカラーだけでも診断してみてください。

ベースカラーの診断方法は？

スプリングとオータムの色を並べて胸元にあてたときと、サマーとウインターの布を並べて胸元にあてたときで、顔映りがきれいなのはどちらなのか。じっくり観察してみてください。

イエローベースの人がブルーベースの色を顔にあてると、肌が青白く見えることが多く、ブルーベースの人がイエローベースの色を顔にあてると、肌がくすんで見えることが多いです。

顔色の見え方に注目してみるといいでしょう。

※「ベーシックカラー」…着こなしの土台となる色のこと。

4つのカラータイプ

イエローベース

ブルーベース

鮮やかな色

スプリング

イエローベースの「鮮やかな色」や「明るくクリーミーな色」がスプリングタイプの色です。春の花壇に咲くカラフルな花の色や瑞々しい新緑のイメージで、若々しさを感じさせる色が豊富です。ソフトで華やかな雰囲気をつくることを得意とします。

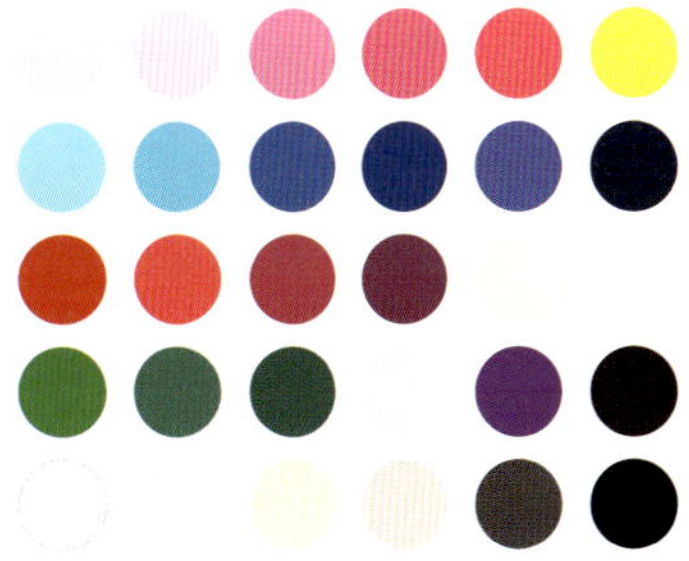

ウインター

ブルーベースの「鮮やかな純色」や「シャーベットのような淡い色」がウインタータイプの色です。雪の結晶の白や、クリスマスカラーのイメージで、インパクトのある色が豊富です。ドラマチックな存在感を演出することを得意とします。

くすみのある色

オータム

イエローベースの「暗い色」や「濃い色」がオータムタイプの色です。もみじやイチョウなどの紅葉やアースカラーのイメージで、色に深みがあることが特徴です。リッチで大人っぽい雰囲気をつくることを得意とします。

サマー

ブルーベースの「パステルカラー」や「ソフトな中間色」がサマータイプの色です。梅雨に咲くあじさいの花のイメージで、爽やかで涼しげな色が豊富です。優しくエレガントな雰囲気をつくることを得意とします。

パーソナルカラー診断　結果

スプリングタイプ

元気でキュート！　カラフルな春の花や新緑の色が似合う

似合うのはどんなイメージの色？

スプリングタイプに似合う色は、黄色を含んだ暖かみのある色の中でも、明るく澄んだ色のグループです。ブリリアント、キュート、ポップなどのイメージをつくるのが得意です。

春の花壇に咲くカラフルな花、新緑の黄緑、ビタミンカラーなどの元気でかわいい印象の色が多いことが特徴。中にはクリーミーな優しい色もあります。

常備したいベーシックカラー

下のスプリングカラーのパレットのうち、次の3色が「ベーシックカラー（着こなしの土台となる色）」におすすめ。

ミルキーホワイト

ビスコッティ

キャメル

これらのアイテムは、幅広い色とよく合うので、常備しておくととても重宝します。

左ページに実際の着こなしイメージを掲載したので、イラストの配色をぜひ参考にしてみてください。

肌の特徴は？

肌は色白で乳白色、またはそばかすができやすい明るい肌色の人が多いのが特徴です。

メイクはここに気をつけて！

瞳の色が明るい茶色の人に多いケースとして、黒色のアイラインを引くと、顔つきがきつく見えたり、けばけばしい印象になることがあります。

その際にはアイラインの色をダークブラウンにすると、瞳の色が引き立ち、垢抜けた印象になることが多いので、ぜひ試してみてください。

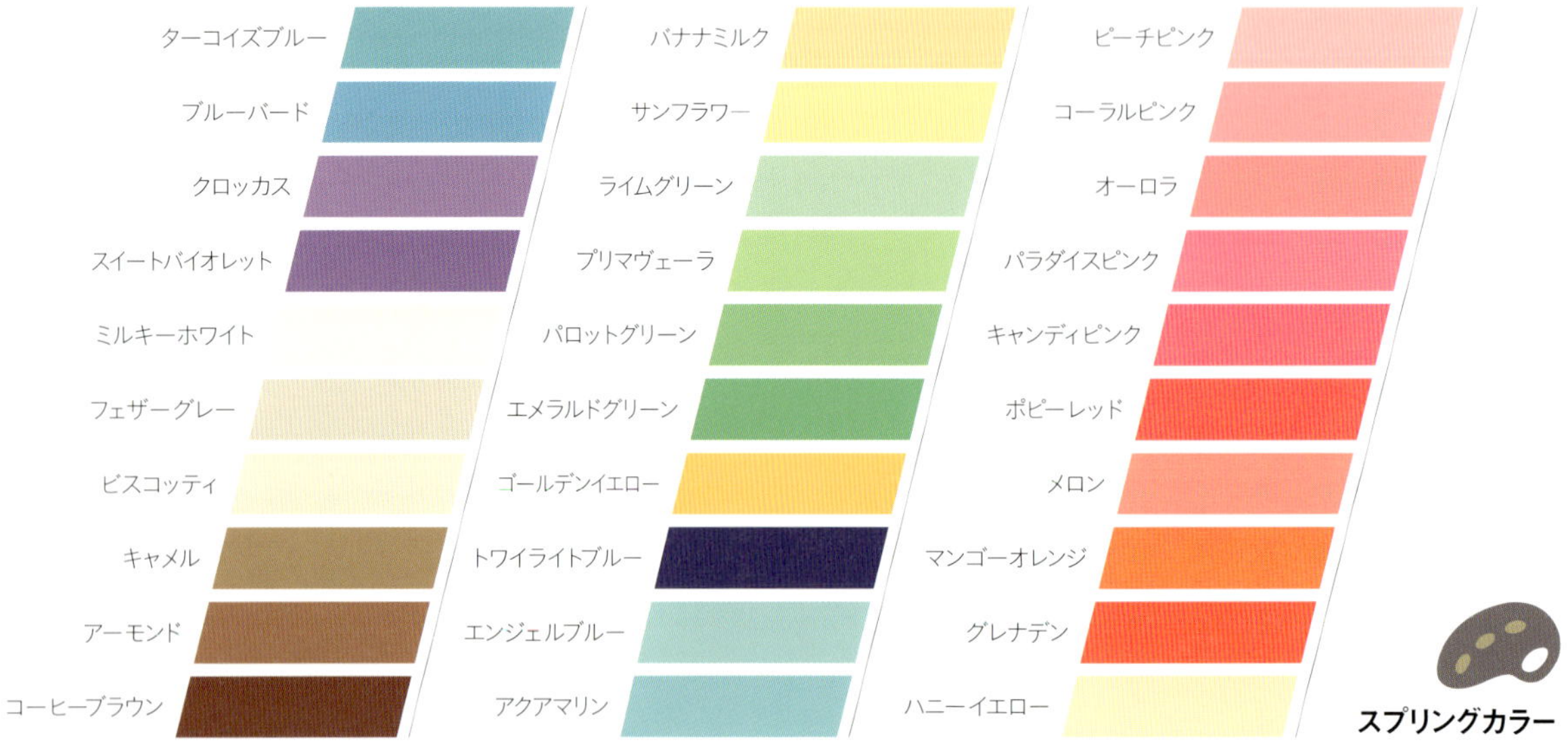

Accessory
アクセサリーカラー

イエローゴールド
シャンパンゴールド
ピンクゴールド
コンビ(※)

※PtとK18のコンビの指輪など、シルバー系とゴールド系のカラーが合わさったもの。

Personal Color Data

肌　色白で乳白色、明るい肌色など

瞳　明るい茶色など

髪　明るい色の地毛の場合が多い

ネイルカラー
- ピーチピンク
- パラダイスピンク
- エンジェルブルー

リップカラー
- ベージュ系
- オレンジ系
- ブラウン系

チークカラー
- オレンジ系
- ピーチピンク系
- ブラウン系

ヘアカラー
- ライトブラウン
- ブラウン

ウエアカラー

Tops：フェザーグレー　ピーチピンク　エンジェルブルー
Bottom：ミルキーホワイト

Tops：キャメル　ゴールデンイエロー　クロッカス
Bottom：ビスコッティ

P.52 ← スプリング × ナチュラル

P.51 ← スプリング × ウェーブ

P.50 ← スプリング × ストレート

骨格診断とのかけ合わせページ

パーソナルカラー診断　結果

サマータイプ

清楚でエレガント。涼しげでソフトな色あいが似合う

似合うのはどんなイメージの色？

サマータイプに似合う色は、青色を含んだ涼しげな色に、ライトグレーが少し混じったソフトな色のグループです。上品、エレガント、清楚などのイメージをつくるのが得意です。

パステルカラーや、梅雨の時期に美しく咲くあじさいの花の色など、やわらかい印象の色が多いことが特徴です。

常備したいベーシックカラー

下のサマーカラーのパレットのうち、次の3色が「ベーシックカラー（着こなしの土台となる色）」におすすめ。

- マシュマロ
- グレーミスト
- ダークブルーシャドー

これらのアイテムは、幅広い色とよく合うので、常備しておくととても重宝します。

左ページに実際の着こなしイメージを掲載したので、イラストの配色をぜひ参考にしてみてください。

肌の特徴は？

少し青白い感じの色白の肌や、黄色みが少なく頬が赤くなりやすいタイプの人が多いです。

目の下にクマができやすい人も。

ヘアカラーはここに気をつけて！

明るい髪色にすると、顔のもつ色彩と髪の色がなじまず品のない印象になりがちです。特に黄色みを含むブラウンは顔色をくすませる要注意カラーです。

ヘアカラーをする際には、一見すると地毛にも見える落ち着いたダークブラウンや、赤みを含むくすんだブラウンにするといいでしょう。

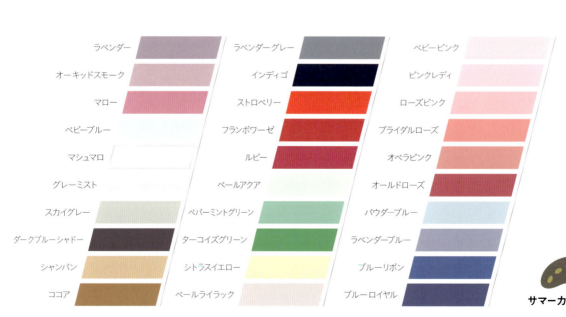

サマーカラー

ラベンダー	ラベンダーグレー	ベビーピンク
オーキッドスモーク	インディゴ	ピンクレディ
マロー	ストロベリー	ローズピンク
ベビーブルー	フランボワーゼ	ブライダルローズ
マシュマロ	ルビー	オペラピンク
グレーミスト	ペールアクア	オールドローズ
スカイグレー	ペパーミントグリーン	パウダーブルー
ダークブルーシャドー	ターコイズグリーン	ラベンダーブルー
シャンパン	シトラスイエロー	ブルーリボン
ココア	ペールライラック	ブルーロイヤル

Accessory
アクセサリーカラー

プラチナ
ホワイトゴールド

Personal Color Data

肌　少し青白い印象の色白、黄色みが少ない肌色など

瞳　黒色など

髪　やわらかな黒色など

ネイルカラー

ピンクレディ
オールドローズ
ペール ライラック

リップカラー

ピンク系
ローズ系
ピンクベージュ系

チークカラー

ベビーピンク系
ローズ系

ヘアカラー

ナチュラル ダークブラウン
ココアブラウン

Tops ウエアカラー Bottom

P.55 ← サマー × ナチュラル

P.54 ← サマー × ウェーブ

P.53 ← サマー × ストレート

骨格診断とのかけ合わせページ

パーソナルカラー診断　結果

オータムタイプ

ゴージャス&シック。深みのある大人カラーが似合う

似合うのはどんなイメージの色？

オータムタイプに似合う色は、黄色を含んだ暖かみのある色にダークグレーもしくは黒が少し混じった落ち着いた色のグループ。成熟した、ゴージャス、シックなどのイメージをつくるのが得意です。

もみじの深い赤やイチョウの黄金色、モスグリーンやオリーブグリーンのアースカラーなど、深みのある色が多いことが特徴です。

常備したいベーシックカラー

下のオータムカラーのパレットのうち、次の3色が「ベーシックカラー（着こなしの土台となる色）」におすすめ。

- バニラホワイト
- クロワッサン
- ビターチョコレート

これらのアイテムは、幅広い色とよく合うので、常備しておくととても重宝します。

左ページに実際の着こなしイメージを掲載したので、イラストの配色をぜひ参考にしてみてください。

肌の特徴は？

象牙色のような落ち着いた深みのある肌色で、マットな質感の肌が多いです。

上級カラーを着こなすコツ！

オータムの色には大人の洗練された雰囲気がありますが、一歩間違えれば地味で冴えない印象にもなりがち。まさにおしゃれ上級者の色ですが、髪の色を少し明るくすると、ほどよく軽さが加わり洗練された印象をつくりやすくなります。

黒髪の人の場合は、オータムの色の中でも、ブルー系やグリーン系の色を選ぶと垢抜けた印象をつくりやすいでしょう。

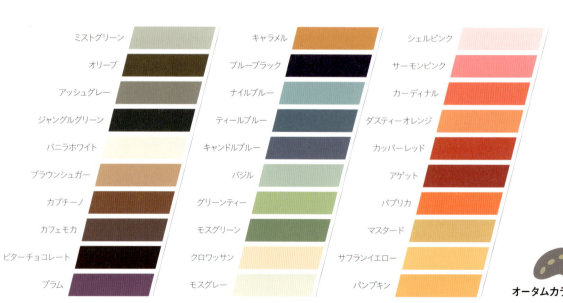

オータムカラー

- ミストグリーン
- オリーブ
- アッシュグレー
- ジャングルグリーン
- バニラホワイト
- ブラウンシュガー
- カプチーノ
- カフェモカ
- ビターチョコレート
- プラム
- キャラメル
- ブルーブラック
- ナイルブルー
- ティールブルー
- キャンドルブルー
- バジル
- グリーンティー
- モスグリーン
- クロワッサン
- モスグレー
- シェルピンク
- サーモンピンク
- カーディナル
- ダスティーオレンジ
- カッパーレッド
- アゲット
- パプリカ
- マスタード
- サフランイエロー
- パンプキン

Accessory
アクセサリーカラー

イエローゴールド
ブロンズ

Personal Color Data

肌　落ち着いた深みのある肌色、マットな質感の肌など

瞳　深みのあるダークブラウンなど

髪　深みのあるダークブラウンなど

Autumn

ネイルカラー
- シェルピンク
- ダスティーオレンジ
- バジル

リップカラー
- ベージュ系
- オレンジ系
- ブラウン系

チークカラー
- オレンジ系
- ピーチピンク系
- ブラウン系

ヘアカラー
- ブラウン
- ダークブラウン

Tops ウエアカラー Bottom

P.58 ← オータム × ナチュラル

P.57 ← オータム × ウェーブ

P.56 ← オータム × ストレート

骨格診断とのかけ合わせページ

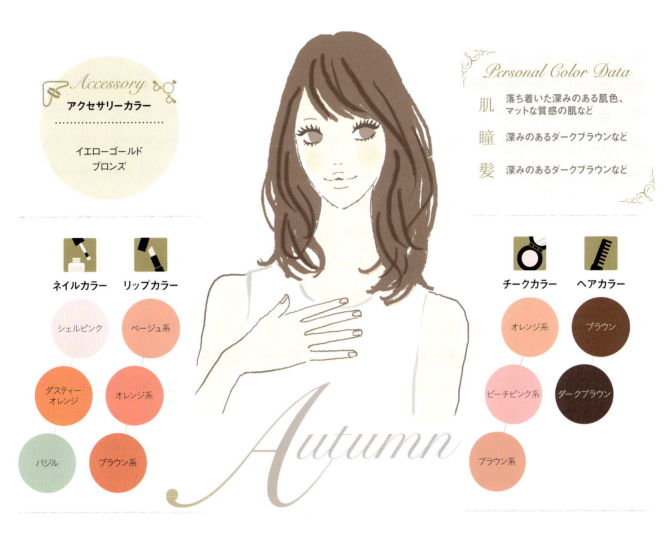

パーソナルカラー診断　結果

ウインタータイプ

シャープで都会的！　くっきりとした原色が似合う

似合うのはどんなイメージの色？

ウインタータイプに似合う色は、青色を含んだ涼しげな原色が中心で、はっきりとした強い色のグループです。ドラマチック、都会的、シャープなどのイメージをつくるのが得意です。

モノトーンの白や黒、クリスマスカラーの赤や緑など、ダイナミックな色が多いことが特徴です。

常備したいベーシックカラー

下のウインターカラーのパレットのうち、次の3色が「ベーシックカラー（着こなしの土台となる色）」におすすめ。

スノーホワイト

チャコールグレー

ミステリアスブラック

これらのアイテムは、幅広い色とよく合うので、常備しておくととても重宝します。

左ページに実際の着こなしイメージを掲載したので、イラストの配色をぜひ参考にしてみてください。

肌の特徴は？

透けるような色白の肌、またはオークル系の黄色みの強い肌が多いです。

落ち着いた印象にするなら！

原色やモノトーンをつかったインパクトのある着こなしを得意とするのがウインタータイプですが、落ち着いた雰囲気にしたいときは、色のコントラストを控えめにするといいでしょう。

おすすめはチャコールグレーのボトムをつかったコーディネート。トップスにオリエンタルブルーやグレープワインなどの深みのある色、またはミステリアスブラックを選べば、上品な大人配色に。

Accessory
アクセサリーカラー

シルバー
プラチナ

Winter

Personal Color Data

- 肌　色白、オークル系の黄色みの強い肌など
- 瞳　黒目と白目のコントラストがはっきり
- 髪　漆黒の場合が多い

ネイルカラー

パールピンク
フューシャ
シルバーグレー

リップカラー

ピンク系
ローズ系
ピンクベージュ系

チークカラー

ベビーピンク系
ローズ系

ヘアカラー

ダークブラウン
ブラック

Tops ウエアカラー Bottom

Tops: シルバーグレー　オーキッド　パシフィックブルー
Bottom: スノーホワイト

Tops: ミステリアスブラック　グレープワイン　ラピスラズリ
Bottom: チャコールグレー

P.61 ← ウインター × ナチュラル

P.60 ← ウインター × ウェーブ

P.59 ← ウインター × ストレート

骨格診断とのかけ合わせページ

すぐにできる！ 垢抜け配色のつくり方

せっかく「自分色」がわかっても、色の取り合わせがうまくいかないと、なんだか野暮ったく見えてしまうもの。じつは、ぱっと服装を見た瞬間にいちばん印象に残りやすいのが“色”なのです。

おしゃれに見えるかどうか、またエレガント、モード、キュートといった狙いどおりのイメージがつくれるかどうかも、決め手となるのは配色です。そこでここでは、垢抜け配色をつくる４つのコツをご紹介します。特別な色彩センスがなくても、誰にでも簡単にできる方法なので、さっそく取り入れてみてください。

1 全身で使う色は3色以内に抑える

洗練された着こなしのコツは統一感をもたせること。つまりいちばん簡単な方法は色の種類を少なくすることです。服・バッグ・靴に使う色を、トータルで3色以内に抑えてみましょう。ちなみにピアスやネックレスなどのアクセサリー類は、面積が小さいので、よほど大きく目立つものでなければ、色を揃えなくて大丈夫です。

秋以外の季節なら、全身を白のみで着こなすオールホワイトコーデもおすすめです。

2 ベーシックな着こなしなら、ボトムを明るい色にする

今風のおしゃれに必要なのは〝ほどよい軽やかさ〟。

特に気をつけたいのはベーシックな着こなしです。デザインに抜け感や遊びがない分、色で軽さを出さないと野暮ったく見えてしまいがち。その際にはボトムを明るい色にすること。それだけで垢抜けた印象に様変わりします。

一方デザイン自体に軽さのあるカジュアルな服は、暗い色のボトムで重さを加えたほうがいい場合も。「もう少しきちんと感を出したい」と感じる際には、ボトムをダークカラーにするといいでしょう。

ベーシックな着こなしはボトムを明るい色にするとおしゃれ。トップスを選ばず万能につかえるのは白ボトム。

ダークカラーのボトムをつかったベーシックな着こなしは重たい印象に。どこか昭和を感じさせる雰囲気も。

3

インナーをのぞかせるなら、アウターを濃い色にする

ジャケットやカーディガンを羽織って、中の服をのぞかせるコーディネートをする際には、アウターの色をインナーよりも濃い色にするとおしゃれな印象に。

アウトラインが引き締まることで、安定感のあるコーディネートになります。

逆に、アウターをインナーよりも淡い色にしてしまうと、アウトラインがぼやけてしまい、どこか締まりのない印象になりがちです。

おすすめの方法はインナーの色を白にすること。アウターの色を選ばず万能につかえるので、白いタンクトップや白いシャツなどはぜひ揃えておきたいアイテム。

アウターがインナーよりも淡い色だと、アウトラインがぼやけて締まりのない印象になりがち……。

アウターがインナーよりも濃い色だと、アウトラインがくっきりしておしゃれな印象に。

4 ベーシックカラーのみで着こなすなら、グラデーション配色をつくる

ベーシックカラーのみで着こなすなら、グラデーション配色をつくると、とてもおしゃれな印象になります。

　イエローベースの人に似合うのはベージュをつかったグラデーション配色、ブルーベースの人に似合うのはグレーをつかったグラデーション配色です。できるだけ色の差が微妙なグラデーションをつくると、より洗練された雰囲気が出ます。

　26・27ページで紹介した2つのコツ「ベーシックな着こなしなら、ボトムを明るい色にする」「インナーをのぞかせるなら、アウターを濃い色にする」も一緒に取り入れてみてください。

こちらは応用編で、スモーキーなピンクをつかったグラデーション。ニュアンスのある大人カラーを選ぶのがコツ。

Column

おしゃれな人は「とりあえず黒」とは考えない

「黒」はウインタータイプの色ですが、ほかのタイプの方でも、モード系の着こなしをしたいとき、フォーマル感を出したいとき、プロフェッショナルな印象を演出したいときなどには、ぜひ活用したい魅力的な色です。

　でもただ無難だからと「黒」を選ぶのはＮＧ。パワフルな重厚感を放つ色なので、一歩取り入れ方を間違えれば、とたんに野暮ったい印象になります。

　特に明るくきれいな色の服を着た際には、黒い靴やバッグを安易に合わせないこと。黒い小物がコーディネート全体を冴えなくしているケースは案外多いもの。「黒」はその効果を考えて慎重に取り入れたい色だといえます。

Chapter 2

‖ 骨格診断 ‖

わたしが輝く「自分シルエット」をつかむ

Ｃｈａｐｔｅｒ２では骨格タイプについて詳しく解説をしていきます。

あなたの骨格タイプは、どのような「形」と「素材感」で着こなすと、体型の特徴が美しく引き立つのか。お気に入りの服や人によく褒められる服、あるいは買ったけれど似合わなかった服など、これまでの“服の自分史”を振り返りながら、楽しく理解を深めていただければと思います。

そして「自分シルエット（似合う“形”と“素材感”）」がわかったら、さっそく取り入れてみてください。特に全身を引きで見たときの印象ががらりと変わるので、姿見の前でいろいろな服を着比べてみると、その効果を強く実感できるはずです。

Silhouette Type

あなたの骨格タイプから似合う「形」と「素材感」を知る

骨格診断ではなにがわかるの？

骨格診断では、生まれもった体型の特徴を美しく引き立てる似合う服の「形」と「素材感」がわかります。

また骨格タイプによって身体の重心位置が異なるため、きれいに見える着こなしのバランスもわかります。

3つの骨格タイプの特徴は？

プロローグ（12〜13ページ）でセルフ診断をしていただいたかと思いますが、3つの骨格タイプの特徴をざっくりとまとめると、次のようになります。

【ストレートタイプ】

＊厚みのあるメリハリ体型

＊ハリのある質感の肌

＊上重心（上半身にボリュームがある）

● セルフ診断に迷ったら、着比べるのがおすすめ ●

複数の骨格タイプの特徴をあわせもっている人は、わたしたちプロが診断する場合でも悩むものですが、「体型をいちばんきれいに見せるのはどの骨格タイプの服なのか」という観点で見極めれば、最終的には必ずひとつのタイプに絞り込まれます。セルフ診断で迷ったときは、骨格タイプによって得意・不得意が分かれやすい服を着比べてみるのがおすすめ。ポイントは全身を引きで見て比較すること。もしお店の試着室なら、一度試着室から出て、少し離れた距離から姿見をチェックしましょう。

似合う服の特徴チェックリスト

Q ベーシックなパンツスーツを着ると？

□A すっきりとした印象で、スタイルがよく見える
□B 物足りない貧相な印象になる
□C シャープなボディラインが際立ち、ハンサムな印象になる

Q ボーイフレンドデニムをはくと？

□A 着太りして野暮ったく見える
□B ちぐはぐな印象で貧相に見える
□C 「こなれ感」がはまり、よく似合う

Q アンゴラニットを着ると？

□A 上半身の厚みが強調されて、太って見える
□B 華やかな女性らしさが引き立つ
□C 身体のフレームが強調されて、大きく見える

Q ハイゲージニットを着ると？

□A きつすぎず、ゆるすぎずの、ジャストサイズのものが似合う
□B コンパクトなつくりのタイトなサイズ感のものが似合う
□C ざっくりしたローゲージニットのほうが似合う

【ウェーブタイプ】
＊なだらかな曲線を描く華奢な体型
＊やわらかな質感の肌
＊下重心（下半身にボリュームがある）

【ナチュラルタイプ】
＊骨格が目立つフレーム感のある体型
＊肉感的なものを感じさせない
＊重心の偏りはない

外見以外にもなにか特徴はある？

太り方にも骨格タイプごとの特徴があります。太ると上半身に厚みが出やすいのがストレートタイプ、下半身にやわらかいボリュームが出やすいのがウェーブタイプです。ナチュラルタイプについては、筋肉も脂肪もつきにくい体質の人が多いため、極端に太るようなことはあまりないでしょう。

ちなみに日本人にはストレートタイプとウェーブタイプが多く、ナチュラルタイプは少ないようです。

Aにいちばん多く
チェックがついた人
ストレート
タイプ

Bにいちばん多く
チェックがついた人
ウェーブ
タイプ

Cにいちばん多く
チェックがついた人
ナチュラル
タイプ

Q ワイドパンツをはくと？

□A 生地が厚手できれいめのものが似合う
□B 全体のバランスがとれず、スタイルがわるく見える
□C カジュアルな素材感のものが似合う

Q ハイウエストスカートをはくと？（トップスはインで）

□A 上半身の厚みが強調され、詰まったような印象になる
□B 女性らしい、洗練された印象になる
□C 骨格のフレーム感が強調され逞しく見える

Q ゆったりしたつくりのオーバーサイズシャツを着ると？

□A 上半身が丸っこく見え、オバサンぽくなる
□B 服に着られたような印象になる
□C 女性らしさが引き立ち、おしゃれに見える

Q Tシャツを着ると？

□A ネックラインの開きが深く、きれいめなものが似合う
□B ストレッチが効いた、コンパクトなものが似合う
□C 大きめのつくりでラフな感じのものが似合う

Q ガウチョパンツをはくと？

□A 「オバサン風」になり、似合わない
□B フレアスカートにも見える、フェミニンなものが似合う
□C カジュアルな素材感のものが似合う

Q スキニーパンツをはくと？

□A むっちりと肉感的になり、「スパッツ化」する
□B スタイルがよく見え似合う
□C 上半身とのバランスがわるく、不似合い

3つの骨格タイプ

正面

側面

ヒップ

ヒップの位置は低くなだらかな印象

メリハリ体型

ストレートタイプ P.34

頭・首

- 後頭部に丸みがある（絶壁ではないのでポニーテールにしてもきれい）
- 首は短めで太さは均一な印象

ボディ

- 筋肉がつきやすい体質の人が多く、肉厚で豊かなハリ感のある肌
- 鎖骨はあまり出ていない（痩せていても目立たない）
- 胸元に厚さがありバストトップの位置は高め。バージスライン（※）が狭い
- 骨盤位置が高くあばら骨との間隔が短いため、ウエストエリアは短め
- 痩せても身体に厚みがあり、華奢な印象にならない
- 重心位置が高く、上半身にボリュームがある

手足

- 手首は厚みがあり丸く、幅は細め。肉厚で小さな手
- ハリのある太ももに比べるとヒザ下は細い印象。ヒザの皿は小さくほとんど出ていない
- 靴のサイズは身長のわりに小さめ

正面

側面

ヒップ

ヒップの位置は高く豊かなボリュームがある

※「バージスライン」…バストの底辺側にある輪郭線のこと。

フレーム感のある体型

ナチュラルタイプ P.42

頭・首

- 頭の鉢が大きい。
頬骨が大きく、目立つ
- 筋張った印象の首で、
長さは個人差がある

ボディ

- 筋肉や脂肪以上に、
骨格と関節に存在感があり、
肉感的なものを感じさせない
- 鎖骨は大きくくっきりと出ている
- バージスライン（※）が広く、
インポートのブラジャーのほうが
身体に合うことが多い
- ウエストエリアの長さは平均的
- 身体の厚みは個人差が大きく、
厚い人も薄い人もいる
- 極端に太ったり痩せたりすることが
あまりない

手足

- 手首の関節が大きく目立つ。
筋張った印象の大きな手
- すねの骨が目立つ。
ヒザの皿は長く、大きく出ている
- 靴のサイズは身長のわりに大きめ

正面

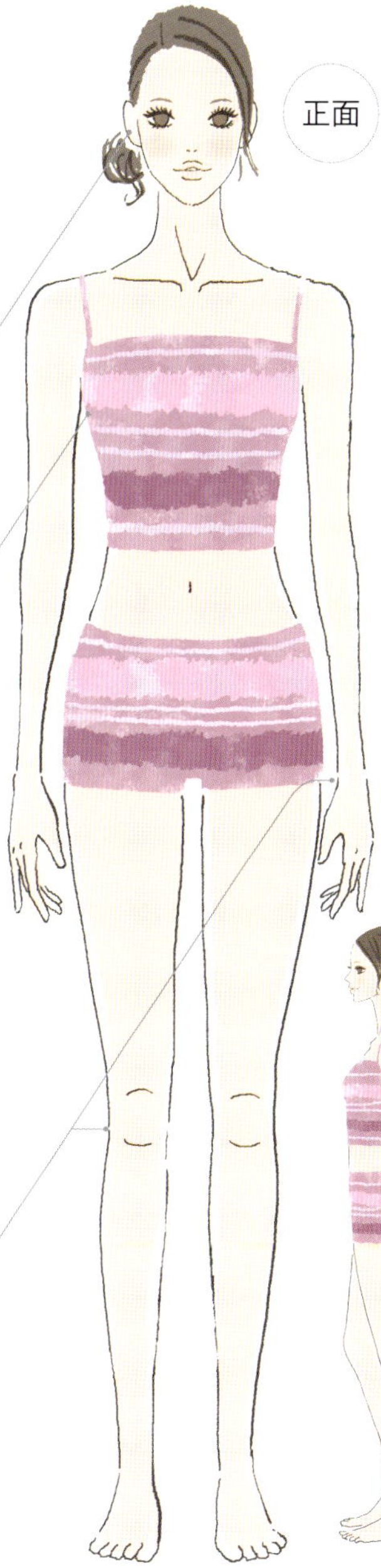

側面

ヒップ

ヒップの位置や
ボリュームには
個人差がある

華奢な体型

ウェーブタイプ P.38

頭・首

- 後頭部は平面的な場合が多い
（絶壁でポニーテールは苦手）
- 首は長めでつけ根に向かって
なだらかに広がっている

ボディ

- 筋肉がつきにくい体質の人が多く、
肉薄でやわらかい質感の肌
- 華奢な印象の鎖骨が出ている
- 胸元が薄く
バストトップの位置は低め
- 骨盤位置が低くあばら骨との間隔が
長いため、ウエストエリアは長め
- 太っても上半身の華奢な印象は変わ
らず、下半身に脂肪がつきやすい
- 重心位置が低く、
下半身にボリュームがある

手足

- 手首は薄くて平べったい。肉薄の手
- 太ももはスラリと細い印象。
ヒザの皿が出ている
- 靴のサイズは身長相応

※「バージスライン」…バストの底辺側にある輪郭線のこと。

骨格診断　結果

ストレートタイプ

上質＆シンプルな着こなしが映える、存在感のあるメリハリボディ

リッチで肉感的なメリハリ体型をしているのがストレートタイプ。

バストトップやヒップラインの位置が高く、肌には筋肉を感じさせる豊かなハリがあります。まさに健康美のイメージで、体質的にも筋肉がつきやすい人が多いようです。

さらに身体全体に厚みがあるため、細身な人でも華奢な印象にはならないことが特徴です。

全身のバランスとしては、上半身にボリュームがあり、ヒザ下はすっきりして細めの印象です。

シンプル、ベーシック、高級感、クール、シャープなどのイメージのファッションがよく似合います。

もし「着太りして見える」と感じたとすれば、それはその服が似合わないことを示す典型的なサイン。服を選ぶ際に意識しておきたいポイントです。

似合う形　Form

〝ジャストフィットのサイズ感〟で飾りのないシンプルなもの

シンプルなデザインで、身体のラインをほどよく拾うちょうどよいサイズ感のものが似合います。

トップスは厚みのある胸元を生かし、Vネックやシャツカラーなどの、縦に深く開いたネックラインを着ると上品な女性らしさが際立ちます。

また縦長の肌見せラインができることで、ストレートタイプの特徴である「上重心」が緩和されて全身のバランスがきれいに整い、さらに「短めの首」をすっきり長く見せてくれる効果もあります。

冬の時期など胸元を出すのが難しい場合には、ハイネックがおすすめ。ボリュームのある上半身をすっきりスリムに見せてくれます。

トップスを選ぶ際に気をつけたいのは「着丈」。短すぎも長すぎもどちらも着太りの原因になりがちです。

姿見の前で裾を少し下に引っ張ってみたり、折りたたんでみたりしながら、ベストな着丈を探してみるといいでしょう。合わせるボトムによってもベストな着丈は変わってくるので、ショッピングの際にはボトムを先に購入してしまうのがおすすめ。

ボトムはすらりとしたヒザ下を生かしたヒザ上丈、またはアンクル丈やマキシ丈が似合います。

スカートなら、豊かなヒップラインを生かせるタイトスカートやストレートスカートがおすすめです。

パンツについては、腰の位置が高いので幅広いデザインが似合います。

似合うパンツのシルエットは、ストレート、テーパード、ワイド、ブーツカットなど。

一方、スキニーパンツなどのスリムなシルエットは、「上重心」をさらに強調してしまいがちなので避けたほうがいいでしょう。

ストレートタイプの有名人イメージ

米倉涼子さん
上戸彩さん
武井咲さん

似合う素材感 *Material*

高級感のある上質な素材が似合う

ほどよい厚みとしなやかなハリ感のある素材で、高級感のあるものが似合います。

たとえば、綿サテン、オックスフォード、デニム、シルクジャージー(※)、圧縮ウール、レザー（表革）など。

ニットなら編み目が細かくなめらかな質感の、コットンやウール、カシミヤのハイゲージニットが似合います。あくまで素材の「質感」をもとに判断します。たとえばカシミヤのニットでも、薄手のものはNGということになります。

Straight

似合う柄 *Pattern*

大きくてはっきりした柄が似合う

柄物を着るなら、大きくはっきりとした柄を選びましょう。存在感のあるメリハリ体型によく映え、おしゃれな印象になります。

逆に避けたほうがいい柄は、千鳥格子、ギンガムチェック、小花柄、ペイズリー、プッチなどの細かな柄。リッチな身体の印象に対して柄がちまちまとしており、野暮ったく見えがちです。

またレオパード柄も肉感的な身体とは相性がわるく、品のない印象になりがちなので避けたほうがいいでしょう。

ストライプ(太め・細めどちらでもOK)　アーガイルチェック　バーバリーチェック　大きな花柄　大きな水玉

Silhouette Type Data

全体　**身体に厚みがある**

首~胸　**短めの首、厚みのある胸元**

ヒップ　**豊かなボリューム、位置は高め**

※ストレートタイプは厚手のシルクジャージー、ウェーブタイプは薄くてやわらかいシルクジャージーが似合う。

Select
セレクトポイント
Point

スタイルアップを叶えるのは、厳選したベーシックアイテム

トップス

- 標準的な身幅と着丈でちょうどよいサイズ感
- ネックラインは縦長に開いたもの
- 装飾のないシンプルな長袖または半袖（三分袖や七分袖は苦手）

ボトム

- すらりとしたヒザ下を出すタイトスカートやストレートスカート
- 豊かなヒップラインを生かせるきれいめのパンツスタイル全般

ストレートタイプが得意なファッション

縦長に開いたネックラインで胸元をすっきり見せるときれい。
アウターは、テーラードジャケットやトレンチコートなど、上質な素材でできた定番アイテムが似合う。

肉感的な太ももを強調することなく、すらりとしたヒザ下だけを見せられる、ヒザ上丈のタイトスカートやストレートスカートがおすすめ。

また、豊かなヒップラインを生かせるウールまたは綿のスラックスや、きれいめのストレートデニムもおすすめ。

いずれもほどよい厚みのある生地を選ぶこと。

そのほかのおすすめアイテム
上質なシルクのスカーフ、厚手の大判ストール、革製のベルト。

フェイスは円形か長方形で標準サイズのもの。
ダイバーズウォッチ（※）も似合う。

本貴石をはじめとする高級感のある貴石、大きめの真珠。

スタッドタイプの大きめのイヤリングやピアス。

ブレスレットやバングルは高級感のあるもの。


大きめでマチの厚いバッグ。

ケリータイプ、バーキンタイプ、ボストンバッグなど。

ポシェットなら角型で高級感のあるもの。

※ダイバーズウォッチは、ストレートタイプにもナチュラルタイプにも両方似合う。

コーディネートのコツは「引き算」

シンプルでクラス感のあるアイテムを身につけると、上品で洗練された印象になります。

ストレートタイプは余計な装飾はないほうが垢抜けるので、とにかく「引き算」スタイルを意識しましょう。

そして素材は「上質なもの」を選びます。多少値段が高くても、シンプル＆ベーシックなアイテムは、流行にあまり影響されることなく飽きずに長く愛用できるので、もとは十分にとれるはず。

おすすめなのは、シンプルな服に大胆な小物づかいをするコーディネート。ストレートタイプに似合う服は真面目な印象のものが多いので、その分、小物選びで個性を出すとぐんとおしゃれな印象になります。

たとえば、大粒の真珠をつかった指輪やピアス、鮮やかな色の本革バッグなど、自分の感性にぴたりと合う小物を厳選して、あなたらしい個性をのびやかに表現してみてください。

ストレートの試着のコツ

「着太りして見えないか」「安っぽく見えないか」

試着の際には姿見の前で「着太りして見えないか」「安っぽく見えないか」の2点を必ず確認しましょう。よくあるお悩みは以下のようなケースですが、いずれも“形”や“素材感”が身体に合っていないことが原因です。

- ・トップスが妊婦さんのように膨らんでいる
  （ゆったりしたトップスは、厚みのある胸元のラインを拾って膨らみがち）
- ・二の腕や背中がむっちりしてオバサンっぽく見える
  （身幅や袖幅が狭いタイトなフィット感のトップスは着太りしがち）
- ・後ろ側のスカート丈が前側より短くなっている
  （やわらかいフレアースカートはヒップの膨らみを拾いがち）

身体の特徴に合わないアイテムをうっかり選んでしまったとしても、実際に着てみておかしなところはないか、このようにきちんと見極められればショッピングの失敗は防げます。特にストレートタイプは、身体の前後に服地のボリュームが出やすいので、正面だけでなくサイドから見た全身の姿も忘れずに確認しましょう。

P.56 ← オータム×ストレート
P.50 ← スプリング×ストレート
P.59 ← ウインター×ストレート
P.53 ← サマー×ストレート
パーソナルカラー診断とのかけ合わせページ

骨格診断　結果

ウェーブタイプ

ソフト&フェミニンな着こなしが映える、華奢でなだらかなボディ

なだらかな曲線を描く薄くて華奢な体型をしているのがウェーブタイプ。

身体の質感はやわらかく、筋肉がつきにくい体質です。薄い胸元、水のたまるような細い鎖骨、長めの首、細めの太ももなどが特徴です。

全身のバランスとしては下半身にボリュームが出やすい下重心で、体重が増えても上半身は華奢なままという人も多いでしょう。

フェミニン、ガーリー、ソフト、ボディコンシャス（身体のラインを強調するようなスタイル）などのイメージのファッションがよく似合います。年齢を重ねても、甘いテイストのファッションが似合いやすいでしょう。

もし「貧相に見える」と感じたとすれば、それはその服が似合わないことを示す典型的なサイン。服を選ぶ際に意識しておきたいポイントです。

似合う形 Form

"タイトなフィット感"または"ふんわりエアリー"で華やかなもの

身体にフィットするタイトなシルエット、またはふんわりエアリーなシルエットが似合います。

ただ、ふんわりしたシルエットのみで着こなす、ボディラインを一切拾わない着こなしは、締まりがない印象になり野暮ったく見えがち。

「ふんわり×ぴったり」を意識し、エアリーなデザインを着る際には、トップスかボトムのどちらか一方にとどめ、もう一方はタイトなフィット感のあるものを選ぶのがスタイルアップのコツです。

トップスはコンパクトなデザインで、着丈の短いものが似合います。中でも胸元や袖まわりに華やかな装飾のあるものは特におすすめ。ウェーブタイプのもつフェミニンな魅力を一層引き立ててくれます。ネックラインは華奢な鎖骨をのぞかせる、横長に開いた形（ボートネック、ホルターネック、オフショルダーなど）がおすすめです。

ボトムについては、もも丈とヒザ下丈がよく似合います。

スカートなら、タイト、台形、フレアー、プリーツ（プリーツ幅が細いもの）、マーメイド、ティアード、コクーンなど幅広いデザインのものが似合います。

パンツの場合は、ショートパンツやクロップドパンツなどの軽やかなものがおすすめ。フェミニンなデザインを選び、カジュアルな印象にならないようにするのがパンツ選びのコツです。

ワンピースなら重心位置を高く見せられる胸下切り替えのデザインがおすすめ。着こなしによっては脚が短く見えがちな、ウェーブタイプの「下重心」のスタイルをカバーしてくれます。

ウェーブタイプの有名人イメージ

北川景子さん
水原希子さん
桐谷美玲さん

Wave

似合う素材感 Material

ソフトでフェミニンな素材が似合う

やわらかい素材や薄手で透けるような繊細なもの、または空気を含みふっくらしたボリューム感のあるものが似合います。

たとえば、シアサッカー、別珍、ファンシーツイード、シフォン、シルクジャージー（※）、ベルベット、ジョーゼット、スエードなど。

ニットなら薄手のハイゲージニット、またはアンゴラやモヘヤなどのふんわりやわらかな質感のものも似合います。

あくまで素材の「質感」をもとに判断します。

似合う柄 Pattern

繊細さのある小さな柄が似合う

柄物を着るなら小さな柄を選びましょう。

薄くて華奢な身体によく映え、おしゃれな印象になります。

逆に避けたほうがいいのは、色のコントラストが強いストライプやボーダー、大きくてはっきりしたチェック（アーガイルチェック、タータンチェック）、バーバリーチェックなど。柄の存在感に身体の印象が負けてしまい、ちぐはぐに見えてしまいがちです。

迷彩柄などカジュアル感の強い柄も苦手とします。

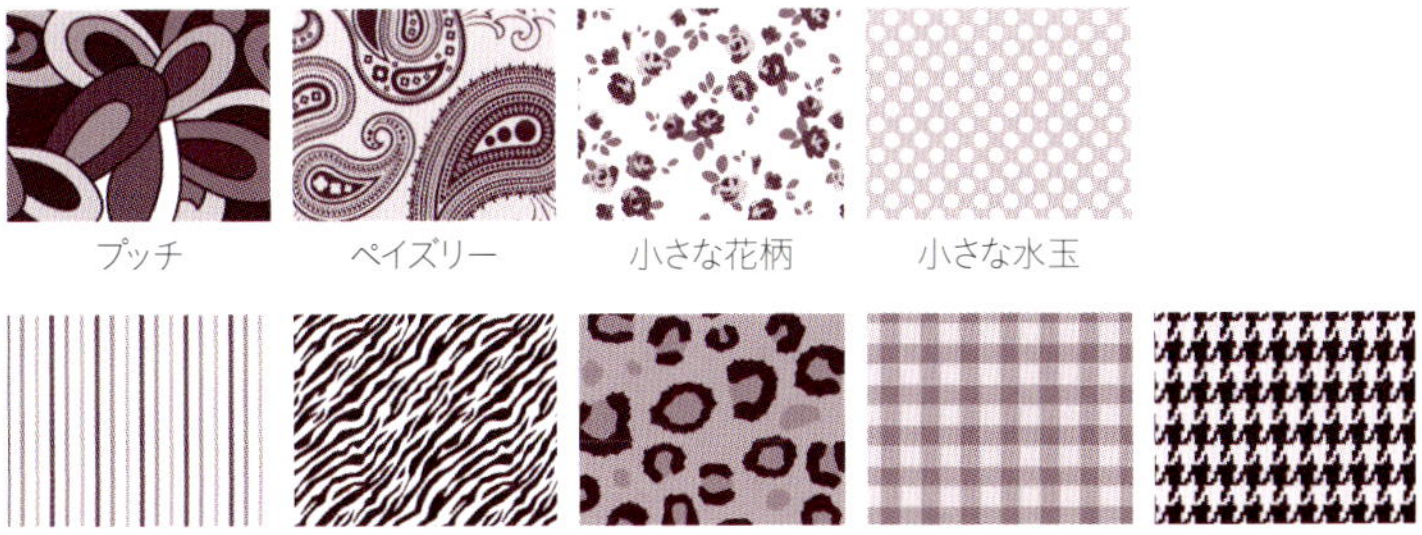

プッチ
ペイズリー
小さな花柄
小さな水玉
細いストライプ
ゼブラ柄
レオパード柄

千鳥格子

※ストレートタイプは厚手のシルクジャージー、ウェーブタイプは薄くてやわらかいシルクジャージーが似合う。

Silhouette Type Data

全体　身体が薄い

首~胸　長めの首、薄くて華奢な胸元

ヒップ　なだらかなライン、位置は低め

Select
セレクトポイント
Point

華奢な身体だからこそはまるフェミニンなアイテム

トップス

- コンパクトで着丈が短めなもの
- ネックラインは横長に開いたもの
- 胸元や袖に装飾のあるもの
- 七分袖、三分袖、ノースリーブなど手首や二の腕を見せるもの

ボトム

- もも丈またはヒザ下丈のやわらかなスカート全般
- 脚を出した軽やかなパンツでフェミニンなもの

ウェーブタイプが得意なファッション

薄くて華奢な身体に似合うのは、コンパクトで着丈の短いトップス。アウターは、ツイードのノーカラージャケット、プリンセスコート、毛皮のコート（ショート丈）などフェミニンなものがおすすめ。

ボトムはもも丈かヒザ下丈のやわらかなスカートを。
パンツなら脚を出す軽やかなデザインを選び、フェミニンに着こなすのが似合う。

そのほかのおすすめアイテム
コサージュ、小さめのスカーフ、薄手のストール、チェーンベルト。

フェイスは円形、正方形、楕円形で標準もしくは小さめサイズのもの。
ブレスレットウォッチも似合う。

小さめの貴石、小さめの真珠。
ドロップタイプの華奢なピアスやイヤリング。
ブレスレットは繊細なつくりのフェミニンなもの。

小さめでマチの薄いバッグ。ポシェット、小さめのケリータイプ、キルティングバッグなど。
リュックなら肩紐が細く小さめなもの。

コーディネートのコツは「足し算」

女性らしい華やかなアイテムを身につけると、フェミニンな魅力が際立ちます。シンプルな着こなしは物足りない印象になりがちなので、「足し算」スタイルを意識するといいでしょう。

ウェーブタイプは似合うアイテムの種類が豊富なので、様々なファッションを楽しめます。

でもその一方で、トレンドの影響を受けやすいともいえ、ひとつのアイテムを何年も着続けるのは難しい場合が多いかもしれません。

上質なものを購入するなら比較的ベーシックなアイテムに限定し、残りはファストファッションなどのプチプラアイテムをうまく組み合わせると経済的。もし取り入れるなら、チープ感が出にくいインナーやトップスがおすすめです。

似合う〝形〟と〝素材感〟をきちんと選べば、プチプラアイテムもうまく取り入れることができるので、価格にメリハリをつけたおしゃれを楽しめます。

ウェーブの試着のコツ

「貧相に見えないか」「脚が短く見えないか」

試着の際には姿見の前で「貧相に見えないか」「脚が短く見えないか」の２点を必ず確認しましょう。よくあるお悩みは以下のようなケースですが、いずれも“形”や“素材感”が身体に合っていないことが原因です。

- カジュアルなトップスが「体操着化」して見える
  （厚地のカジュアルな服には身体の印象が負けてしまいがち）
- 上質でシンプルな服がただの地味に見える
  （シンプルな服では華やかさが足りず貧相な印象になりがち）
- 実際よりも脚が短く見える
  （着丈の長いトップスやローウエストのボトムは下重心を強調しがち）

身体の特徴に合わないアイテムをうっかり選んでしまったとしても、実際に着てみておかしなところはないか、このようにきちんと見極められればショッピングの失敗は防げます。

特にウェーブタイプは、胸元や首回りがすっきりした着こなしをすると、スリムというよりは、ぎすぎすした印象になりがち。試着時には貧相に見えてしまわないかをよく確認しましょう。

骨格診断　結果

ナチュラルタイプ

ラフ&カジュアルな着こなしが映える、フレーム感のあるスタイリッシュボディ

骨格によるフレーム感が際立つスタイリッシュな体型をしているのがナチュラルタイプ。

肉感的なものを感じさせない硬質な印象の肌をしており、骨組みがしっかりしていることが特徴です。手足は筋張った印象で大きく、ヒザの皿、くるぶし、鎖骨、肩甲骨なども大きく目立ちます。一方、身体の厚みについては個人差が大きく、薄い人も厚い人もいます。

ラフ、カジュアル、ボーイッシュ、エフォートレス、リラックスなどのイメージのファッションがよく似合います。

ゆったりしたラフな着こなしをすると、身体のシャープな輪郭が美しく引き立ち、おしゃれな印象になります。

もし「身体が逞しく見える」と感じたとすれば、それはその服が似合わないことを示す典型的なサイン。服を選ぶ際に意識しておきたいポイントです。

似合う形 Form

"ゆったりしたサイズ感"でつくり込まないラフなもの

オーバーサイズ気味に着こなせる「長め&太め」につくられたビッグシルエットが似合います。

ゆったりした着こなしをすると、存在感のある骨格によって服地がシャープな輪郭を描き、スタイリッシュな印象になります。だぼだぼしたサイズ感がだらしない印象になることはまずないのがナチュラルタイプの特徴で、かえって女性らしい魅力が際立ちます。

一方、きちんとつくり込んだ服を着ると、身体が逞しく見えがちなので気をつけましょう。

トップスはゆったりしたサイズ感のもので、着丈が長く、肌をあまり出さないものが似合います。

似合うネックラインは、ラウンドネック、ボートネック、タートルネック、オフタートルネックなど。襟つきならシャツカラー、ラウンドカラー、スタンドカラーなど。袖にデザインのあるものを選ぶなら、ゆったりしたベルスリーブやドルマンスリーブも似合います。

いずれもどこかリラックスした感じや、カジュアルな雰囲気があるものを選びましょう。

ボトムはヒザ下丈、ふくらはぎ丈、アンクル丈、マキシ丈など。関節が大きいので、ヒザの皿が隠れる丈のほうが脚をきれいに見せられます。

スカートの場合は、タイトスカートやストレートスカートが似合います。エスニック風やリゾート風のカジュアルな着こなしをするなら、ボリュームたっぷりのマキシスカートもおすすめ。

似合うパンツのシルエットは、ストレート、テーパード、ワイド、ブーツカットなど。カーゴパンツやガウチョパンツは特におすすめです。

ナチュラルタイプの有名人イメージ

天海祐希さん
中谷美紀さん
道端ジェシカさん

Silhouette Type Data

全体	フレーム感のある身体
関節	全体的に関節が大きく目立つ、筋張った印象の大きな手足
質感	肉感的なものを感じさせない

似合う素材感 Material

雰囲気のあるラフな素材が似合う

風合いのある素材やカジュアルな素材で、洗いざらしの質感、シワ感、シャリ感などがあるものがよく似合います。

たとえば、ダンガリー、コーデュロイ、綿紗（ガーゼ）、デニム、ブリティッシュツイード、インドシルク、シャンタンなど。

ニットなら編み目が大きくざっくりとした質感の、コットンやウールのミドルゲージ～ローゲージのニットが似合います。

あくまで素材の「質感」をもとに判断します。

Natural

似合う柄 Pattern

カジュアル感やエスニック感のある柄が似合う

柄物を着るなら、カジュアルな柄、またはエスニックな柄を選びましょう。

つくり込まないラフな雰囲気のある柄は、ナチュラルタイプの魅力を一層引き立ててくれます。

苦手なのはつくり込んだイメージになりやすい水玉模様、レオパード柄、千鳥格子など。

柄のもつイメージとナチュラルタイプに似合う着こなしのイメージがなじまず、ちぐはぐな印象になりがちです。

バーバリーチェック

ギンガムチェック

プッチ

ペイズリー

水彩画のようなナチュラルな雰囲気の花柄

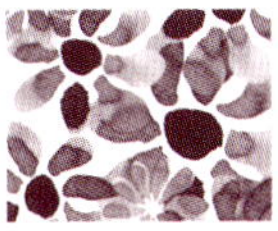

ストライプ（太め・細めどちらでもOK）

アーガイルチェック

ナチュラルタイプが得意なファッション

Select セレクトポイント Point

女性らしさを引き出すのは抜け感のあるアイテム

トップス

- 身幅、着丈、袖幅が大きくゆったりしたサイズ感のもの
- 肌をあまり出さないもの
- メンズものもおすすめ

ボトム

- ヒザの皿が隠れるヒザ下丈より長い丈のもの
- カジュアル感やリラックス感のあるもの
- 幅広でボリュームのあるものは特におすすめ

ロングカーディガンなど、長くてゆったりしたサイズ感のアイテムが得意。
ロングマフラーや大判ストールをボリュームたっぷりに巻き付けるのもおすすめ。
アウターは着丈が長めのトレンチコートやムートンコート、ダッフルコートなどが似合う。

ボトムはしっかりしたヒザの皿をカバーできる、ヒザ下丈より長い丈のものが似合う。
ダメージ加工のあるデニム、カーゴパンツ、麻のワイドパンツ、ボリュームたっぷりのマキシスカートなどがおすすめ。

そのほかのおすすめアイテム

大判ストール、カジュアルなスヌード、革製やキャンバス地のベルト。

フェイスは円形か長方形で標準もしくは大きめサイズのもの。
ダイバーズウォッチ(※)も似合う。

貴石は大きく不透明なもの、真珠は形が不揃いなバロックパール。
イヤリングやピアスは、ドロップタイプかフープタイプで長めのもの。
エスニックテイストのバングルもおすすめ。

大きめでマチが厚いかマチなしのバッグ。
バーキンタイプ、ボストンバッグ、トートバッグなど。
肩紐を長めに調節したリュックもおすすめ。

※ダイバーズウォッチは、ストレートタイプにもナチュラルタイプにも両方似合う。

コーディネートのコツは「サイズ感」

肩の力が抜けたラフなアイテムを身につけると、大人の女性ならではの抜け感が出ておしゃれな印象になります。

トップスもボトムも長め＆太めのビッグシルエットを選び、ゆったり着こなすことがポイントです。

素材は洗いざらしの質感、シワ感、シャリ感などがある素朴な質感のものを選び、きれいめのものは避けます。

サイズについては、あえていつもより大きなサイズも試着してみましょう。ナチュラルタイプはオーバーサイズ気味に着こなしたほうが、かえっておしゃれに見えることは多いので、ぜひサイズ表記にはとらわれずに選んでみてください。

ベーシックカラーのトップスがほしいときには、メンズものを取り入れるのも手。ニット、シャツ、Tシャツなどのベーシックなトップスなら、似合うアイテムは豊富に見つかるはず。あるいはパートナーのアイテムを借りてみるのも楽しいかもしれません。

ナチュラルの試着のコツ

「身体が逞しく見えないか」

試着の際には姿見の前で「身体が逞しく見えないか」を必ず確認しましょう。よくあるお悩みは以下のようなケースですが、いずれも“形”や“素材感”が身体に合っていないことが原因です。

- パンツスーツを着るとマニッシュにきまり似合うが、色気は出にくい
  （抜け感のないつくり込んだ着こなしをすると男性的な体格に見えがち）
- フェミニンなワンピースを着ると逞しく見える
  （薄手のやわらかい服を着ると骨格フレームが必要以上に強調されがち）
- コンパクトなトップスを着るとがっしりした体つきに見える
  （タイトなフィット感や短めの着丈は全身のバランスをわるくしがち）

身体の特徴に合わないアイテムをうっかり選んでしまったとしても、実際に着てみておかしなところはないか、このようにきちんと見極められればショッピングの失敗は防げます。特にナチュラルタイプは、ゆったりしたサイズ感であることが肝となるので、サイズ表記にはとらわれず、いつもより上のサイズも一緒に着比べてみるといいでしょう。

P.58 ← オータム×ナチュラル

P.52 ← スプリング×ナチュラル

P.61 ← ウインター×ナチュラル

P.55 ← サマー×ナチュラル

パーソナルカラー診断とのかけ合わせページ

骨格タイプによって変わる　アイテムの「長さ」

骨格タイプによって、全身のバランスが美しく整うアイテムの「長さ」は異なります。それぞれの骨格タイプに似合うトップスとボトムの長さについては、これまでのページで説明してきたとおりですが、ここではもう一歩踏み込んで、ネックレスとブーツについても似合う長さをご紹介します。

特にネックレスはバストアップの印象だけで選びがちなもの。全身のバランスまでは意識していなかったという方も多いかと思いますので、ショッピングの際にはぜひ参考にしていただければと思います。

1 ネックレス

コーディネート全体の印象に大きな影響を与えるのがネックレス。厚みのある上半身をすっきり見せたいストレートタイプ、薄くて華奢な胸元を華やかに飾りたいウェーブタイプ、長さを主張するアイテムで全身のバランスを整えたいナチュラルタイプなど、骨格タイプによってネックレスに期待する効果は異なります。

各骨格タイプの得意なネックレスの長さ

	チョーカー（約35〜40cm）	プリンセス（約40〜43cm）	マチネ（55cm前後）	オペラ（80cm前後）	ロープ（110cm前後）
ストレートタイプ	△	△	○	○	○
ウェーブタイプ	○	○	○	○	△
ナチュラルタイプ	△	×	○	○	○

○……得意　△……とくにおすすめではないが、取り入れてもＯＫ　×……得意ではない

2 ブーツ

ブーツの長さによって、コーディネート全体のバランスや脚の見え方が変わります。

さらに筒周りについては、ストレートタイプは標準的なもの、ウェーブタイプは細めのもの、ナチュラルタイプは太めのものが似合います。

各骨格タイプの得意なブーツの長さ

	ブーティ	ショートブーツ	ハーフブーツ	ロングブーツ	ニーハイブーツ
ストレートタイプ	○	○	○	○	×
ウェーブタイプ	○	×	○	○	○
ナチュラルタイプ	○	△	○	○	×

各タイプにおすすめのブーツ
＊ストレートタイプ：本革の乗馬ブーツなどベーシックなもの。
＊ウェーブタイプ：スエードブーツやエナメルブーツなどフェミニンなもの。
＊ナチュラルタイプ：ウエスタンブーツやムートンブーツなどカジュアルなもの。

Chapter 3

‖ かけ合わせ例 ‖

「自分色」×「自分シルエット」でつくる コーディネート

Ｃｈａｐｔｅｒ３では「自分色」と「自分シルエット」のかけ合わせからなる12タイプについて、それぞれに似合う具体的なコーディネートをご紹介していきます。

あなたに似合う「色」と「シルエット」をかけ合わせるとどのような魅力が際立つのか。理想のワードローブを思い描きながら、楽しく理解を深めていただければと思います。

また12タイプのうち、パーソナルカラーのみが同じタイプからは「似合う配色」を、骨格タイプのみが同じタイプからは「似合うシルエット」をそのまま取り入れることができるので、ぜひこちらも合わせて参考にしてください。

Color & Silhouette

「自分色」と「自分シルエット」をかけ合わせる

コーディネートのつくり方を知る

Chapter1では、パーソナルカラー診断によりあなたの「自分色」を、Chapter2では骨格診断により「自分シルエット」を導き出すことができました。

でも本来、色とシルエットは組み合わせてつかいこなすもの。それぞれがバラバラの知識のままでは、まだ十分とはいえません。

そこでChapter3では「自分色」と「自分シルエット」をかけ合わせたコーディネート例を紹介していきます。

かけ合わせパターンは12種類！

4つのパーソナルカラータイプと、3つの骨格タイプのかけ合わせからなる、全12パターンについて、それぞれに似合う着こなしを解説します。

おすすめの読み進め方

STEP1

【自分の〝かけ合わせタイプ〟をチェック】

まずは自分と同じかけ合わせタイプのページを開いて、どのような着こなしが似合うのか、基本的な内容をおさえるようにしましょう。

STEP2

【パーソナルカラーが同じ〝かけ合わせタイプ〟をチェック】

骨格タイプが異なるコーディネート例も、パーソナルカラーが同じなら、配色についてはそのまま取り入れることができます。

コーディネート全体の印象をいちばん大きく左右するのは色の使い方。好みの配色があったら、それを自分の骨格タイプに似合うアイテムに置き換えてみましょう。狙ったイメージを演出できるのは

ページの見方

コーディネート例

おすすめアイテム

このタイプの特徴

コーディネート例

その日の予定や気分に合わせた着こなしができるよう、Sweet、Cool、Dressの３つのテイストのコーディネート例をご紹介。

おすすめアイテム

厳選したおすすめアイテムを掲載。「色」「形」「素材感」のすべてがあなたにはまるので、少し奮発して上質なものを買ってみるのもおすすめ。

このタイプの特徴

「自分色」と「自分シルエット」のかけ合わせから、あなたの魅力を際立たせる、もっとも得意とするファッションイメージがわかります。

かけ合わせ12パターン

自分色 / 自分シルエット	スプリング	サマー	オータム	ウインター
ストレート	P.50	P.53	P.56	P.59
ウェーブ	P.51	P.54	P.57	P.60
ナチュラル	P.52	P.55	P.58	P.61

もちろんのこと、着こなしの幅が広がりおしゃれがもっと楽しくなるはずです。

STEP3

【骨格タイプが同じ〝かけ合わせタイプ〟をチェック】

パーソナルカラーが異なるコーディネート例も、骨格タイプが同じなら、デザインやアイテムの組み合わせ方はそのまま取り入れることができます。

こちらはショッピングの参考にするのがおすすめ。着てみたい服があったら、自分のパーソナルカラーのものがないか探してみてください。

かけ合わせ例

スプリング×ストレート

フレッシュな輝きが溢れるキュートな着こなしが得意

シンプル＆ベーシックなアイテムをつかった、明るくカラフルな色づかいのファッションが似合います。

ストレートタイプは真面目さや硬さを感じさせるアイテムが多いですが、フレッシュなイメージのスプリングタイプの色（18ページ参照）で着こなすことで、アクティブでキュートなイメージになります。

逆に、落ち着いた雰囲気にしたいときには、ミルキーホワイトにビスコッティまたはキャメルを合わせるといった、ベーシックカラーのみのコーディネートがおすすめ。爽やかで上品な印象になります。

Cool

シンプルなパンツスタイルも、ホワイトとベージュ系のみの淡いカラーでスッキリまとめれば、上品で垢抜けた印象のコーディネートになります。

Dress

レース生地も地厚で柄が大きめなものを選べば、ストレートタイプにもよく似合います。華やかな場に着ていくなら、ピンクのドレスで大胆にきめるのがすてき。

Sweet

プレーンなＩラインワンピースは着回しがきく便利なアイテム。ほどよいフィット感で、着用した際のシルエットが美しいものを選ぶのがポイントです。

おすすめアイテム

キャメル ×レザーコート

ハードな印象のレザーもキャメル色を選べば、ガーリーな一着に様変わり。定番アイテムとして長くつかえるので、ぜひ上質なものを選んで。

ミルキーホワイト ×ストレートパンツ

甘口・辛口の両コーデにつかえる万能アイテム。素材はウールやデニムがおすすめ。きれいめにするなら、センタープレスが入ったものを。

トワイライトブルー and ミルキーホワイト ×ボーダーT

マリンカラーのボーダーで、夏らしいさわやかなスタイリングを楽しんで。

かけ合わせ例

スプリング×ウェーブ

甘さのあるチャーミングな着こなしが得意

Sweet

"グレナデン×キャメル"の晴れやかな色合わせは、リュクスな印象に加えて、親しみやすい明るさを演出したいときにおすすめ。

Dress

ウエストの高い位置にあるリボンが、重心位置を高く見せてくれます。長めの着丈とシンプルなＩラインで甘さを抑えれば、大人かわいいコーデの完成。

Cool

華やかな柄パンツを主役にした大人リッチなコーディネート。トップスの色をダークカラーにすると全体が引き締まり、上品な印象にまとまります。

フェミニン&ボディコンシャスな（身体のラインを強調するような）アイテムをつかった、明るくカラフルな色づかいのファッションが似合います。

ウェーブタイプはソフトなイメージのアイテムが多いですが、フレッシュな印象を与えるスプリングタイプの色（18ページ参照）で着こなすことで、甘さのあるチャーミングな着こなしになります。

逆に、落ち着いた雰囲気にしたいときには、ライムグリーンやトワイライトブルーのブラウスがつかえます。

透け感のある素材やとろみ素材を選べば、品格のあるエレガントな女性らしさを演出できます。

おすすめアイテム

フェザーグレー or ビスコッティ ×毛皮のコート

ゴージャスな印象の毛皮も、スプリングタイプのクリーミーカラーで着こなせば、甘かわいいリッチスタイルに様変わり。

ピーチピンク or ハニーイエロー ×アンゴラニット

無垢なかわいさを演出するなら、ふんわり優しいカラーのふわふわニットがおすすめ。

ビスコッティ ×フレアスカート

トップスがピンク系なら甘かわいく、オレンジ系ならガーリーに、グリーン系なら大人っぽく、ブルー系なら爽やかになる万能スカート。

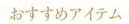

かけ合わせ例

スプリング×ナチュラル

明るく爽やかな大人かわいい着こなしが得意

ラフ&カジュアルなアイテムをつかった、明るくカラフルな色づかいのファッションが似合います。

ナチュラルタイプは素朴さを感じさせるアイテムが多いですが、フレッシュなイメージのスプリングタイプの色で（18ページ参照）着こなすことで、大人かわいい着こなしになります。

逆に、落ち着いた雰囲気にしたいときには、キャメル、アーモンド、コーヒーブラウンなどのブラウン系カラーのざっくりニットや麻のパンツに、ベージュ系のアイテムを合わせるのがおすすめ。

リラックス感のあるこなれたカジュアルスタイルが完成します。

Cool

素朴なかごバッグも、大きな花をつければおしゃれなアイテムに様変わり。天然石などの大振りのアクセサリーを合わせれば、リゾート仕様にもなります。

Dress

ハンサムなスタイルを楽しみたいときにおすすめなのがジャンプスーツ。アクセサリーで華やかさを加えれば、パーティー仕様にもなります。

Sweet

カラフルなパーカーにスカートを合わせたガーリーなカジュアルスタイル。パーカーの色が引き立つよう、ほかのアイテムの色は控えめにするのがポイント。

おすすめアイテム

マンゴーオレンジ ×ダッフルコート

定番のダッフルコートも、スプリングタイプのジューシーカラーで着こなせば、新鮮な印象になりとってもおしゃれに。

フェザーグレー ×麻のパンツ

どんなトップスも馴染むので、シティでもリゾートでもつかえる、夏の必須アイテム。

クロッカス or スイートバイオレット ×コーデュロイパンツ

秋冬に似合う大人リッチなカジュアルスタイルを楽しめます。個性派コーデにチャレンジしたいときにおすすめ。

かけ合わせ例

サマー×ストレート

凛としたクールビューティーな着こなしが得意

Sweet

ベーシックなアイテムこそラインの美しさにこだわること。またアイテムがシンプルな分、思い切った色づかいで個性を演出してみるのもすてき。

Cool

ハイネックのハイゲージニットにセンタープレスパンツを合わせたクールなスタイル。スモーキーなピンクでほどよくフェミニンさを加えるとすてき。

Dress

深めVネックのIラインドレスは、ストレートタイプの体型を美しく見せてくれる王道アイテム。小物づかいでさまざまなアレンジを楽しめます。

シンプル&ベーシックなアイテムをつかった、涼しげで清楚な色づかいのファッションが似合います。

ストレートタイプは真面目さや硬さを感じさせるアイテムが多いですが、ソフトな印象のサマータイプの色（20ページ参照）で着こなすことで、凛としたクールビューティーな着こなしになります。

逆に、キュートな雰囲気にしたいときには、ストロベリーやフランボワーゼのボトムがおすすめ。活動的な印象を与えるタイトスカートやストレートパンツで取り入れてみましょう。ほどよく甘さが加わり、親しみやすいかわいさを演出できます。

おすすめアイテム

スカイグレー ×トレンチコート

定番のトレンチも、サマータイプの爽やかなクールカラーで着こなせば、よりスタイリッシュな印象に。

マシュマロ ×シャツ

どんな着こなしに合わせても、女を格上げしてくれる正統派アイテム。シンプルだからこそ素材感やシルエットには深いこだわりを。

ブライダルローズ or ラベンダーグレー ×Vネックニット

シンプルなニットも、ニュアンスのあるエレガントカラーを選べば優美な印象に。

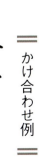

かけ合わせ例

サマー×ウェーブ

優しい雰囲気のエレガントな着こなしが得意

Cool

ラベンダーブルーのガウチョパンツに、大人カラーのインディゴのトップスを合わせたクールビューティーなコーデ。

Dress

フリルをふんだんにあしらったキュートなドレスも、ビビッドなカラーで辛口に着こなすことで、甘さがほどよく緩和され大人仕様になります。

Sweet

色鮮やかなキルティングバッグを主役にしたコーディネート。洋服の色を淡いトーンでまとめてバッグの存在感を引き立てるのがポイント。

フェミニン&ボディコンシャスな（身体のラインを強調するような）アイテムをつかった、涼しげで清楚な色づかいのファッションが似合います。

サマータイプの色（20ページ参照）、ウェーブタイプのアイテム。どちらもエレガントな印象を与えるので、フェミニンな女性らしさを感じさせる着こなしがもっとも得意なタイプといえます。

逆に、ビジネスシーンなどで頼もしい印象に見せたいときには、インディゴやダークブルーシャドーのセットアップをつかったワントーンコーデがおすすめ。知的できちんとした印象を演出することができます。

おすすめアイテム

オールドローズ ×プリンセスコート

甘めのコートだからこそ、サマータイプの華のある大人カラーを選べば、人目を惹くおしゃれ上級者の装いに。

グレーミスト ×タイトスカート

きれいめのコーデが即つくれる万能アイテム。グレー系のワントーンコーデならクールに、ピンク系、ブルー系、パープル系のトップスを合わせればフェミニンに。

オーキッドスモーク ×シフォンブラウス

どこか神秘的な魅力を感じさせる上品アイテム。知的に見せたいときにもおすすめ。

かけ合わせ例

サマー×ナチュラル

爽やかな雰囲気の大人の洗練カジュアルが得意

Sweet

ゆったりシルエットのマキシワンピには、大振りのストールをボリュームたっぷりに巻きつければこなれた印象に。ストールは長く垂らしてもＯＫ。

Cool

カジュアルなコーディネートもグレー系のグラデーション配色でまとめれば都会的な洗練スタイルに様変わり。ぜひ取り入れたいテクニック。

Dress

水彩画のようなやわらかなタッチの花柄はナチュラルタイプにお似合い。ラフなシルエットのドルマンスリーブのドレスも華やかな印象になります。

ラフ&カジュアルなアイテムをつかった、涼しげで清楚な色づかいのファッションが似合います。

ナチュラルタイプは素朴さを感じさせるアイテムが多いですが、エレガントなイメージのサマータイプの色（20ページ参照）で着こなすことで、大人の魅力溢れる「洗練カジュアル」になります。

逆に、キュートな雰囲気にしたいときには、シトラスイエローやベビーピンクなどの淡いカラーのギンガムチェックのシャツがおすすめ。

ボトムにはグレーミストなどの軽やかな色を合わせれば、爽やかながら甘さもあるカジュアルスタイルがつくれます。

おすすめアイテム

ダークブルーシャドー ×ポンチョコート

カジュアルなポンチョコートも、サマータイプのクールな大人カラーで着こなせば、都会的な洗練スタイルに。カジュアルはもちろん、きれいめコーデにもつかえる一着。

ブルーリボン ×タートルネックニット

シルバーのロングネックレスを合わせれば、スモーキーなブルーカラーの品格がさらに際立ちます。

グレーミスト ×コーデュロイパンツ

どんなトップスにも馴染む万能アイテム。こなれたカジュアルスタイルにおすすめ。

かけ合わせ例

オータム×ストレート

趣を感じさせる大人リッチな着こなしが得意

シンプル&ベーシックなアイテムをつかった、落ち着いた深みのある色づかいのファッションが似合います。

ストレートタイプは真面目さや硬さを感じさせるアイテムが多いですが、大人っぽいオータムタイプの色（22ページ参照）で着こなすことで、正統派ながらもリッチ感のある着こなしになります。

逆に、かわいらしい雰囲気にしたいときには、サーモンピンク、ダスティーオレンジ、パプリカなどの鮮やかな暖色をつかったIラインのカラーブロックワンピがおすすめ。

フルーティーな配色を駆使すれば、明るくチャーミングな魅力を演出できます。

Cool

ハイブランドのスカーフを思わせる柄シャツは、高級感のあるアイテムが得意なストレートタイプにおすすめ。ボトムはあえてカジュアルにしたほうがおしゃれ。

Dress

赤色を着るならドレスが断然におすすめ。ほかの色と組み合わせるよりも、大胆に一色で着こなしたほうが気品のある美しさが際立ちます。

Sweet

男性のスーツスタイルを思わせるクールなストライプ柄がかっこいい、マニッシュなセットアップコーディネート。小物づかいで華やかさを加えると◎。

おすすめアイテム

マスタード ×トレンチコート

こなれたおしゃれ感が出せる、こっくりした色合いのトレンチコート。オータムタイプの深みのあるオレンジ系やパープル系のマフラーやストールを合わせるとすてきです。

プラム ×モックネックニット

ハンサムな印象のモックネックニットも深みのある色で着こなせばぐっと雅やかな印象に。

バニラホワイト ×シャツ

ベージュを含んだ暖かみのある白シャツは、肌を陶器のように美しく見せてくれます。素材は上品な艶のあるシルクがおすすめ。

かけ合わせ例
オータム×ウェーブ
上品で艶っぽい大人ゴージャスな着こなしが得意

フェミニン&ボディコンシャスな（身体のラインを強調するような）アイテムをつかった、落ち着いた深みのある色づかいのファッションが似合います。

ウェーブタイプはソフトなイメージのアイテムが多いですが、重厚感を感じさせるオータムタイプの色（22ページ参照）で着こなすことで、艶っぽいゴージャスな印象になります。

逆に、清楚な雰囲気にしたいときには、ナイルブルーやティールブルーのAラインワンピがおすすめ。ヒザ下丈のものを選び、パールのネックレスを合わせれば、品格のあるエレガントスタイルになります。

Sweet

レース素材のカーディガンとタイトスカートのセットアップでエレガントに。単品でも使いやすいベーシックカラーを選ぶと着回しがきいて便利です。

Cool

ギャザーがたっぷりのオフショルダーのトップスに花柄のクロップドパンツを合わせた甘いコーディネートは、辛口カラーで大人仕様に。

Dress

キュートなＡラインドレスは、深みのあるグリーンで着こなせば優雅な印象になります。大人かわいい着こなしはシックなカラーで甘さを抑えるのがコツ。

おすすめアイテム

バニラホワイト ×ツイードジャケット

定番のツイードジャケットも、オータムタイプのほんのりとベージュを含んだ暖かみのある白で着こなせば、ピュアなやわらかさに。

カッパーレッド or アゲット ×ワンピース

大人の女性にこそ似合う、深い味わいの赤色は、大胆に一枚で着るのが正解。ブラウン系の毛皮を羽織ればさらにリッチな印象に。

ミストグリーン or バジル ×シフォンブラウス

フェミニンなシフォンブラウスも、ニュアンスのあるグリーン系で着こなせば渋みが加わり新鮮な印象に。

かけ合わせ例

オータム×ナチュラル

野性味のある色気が醸し出されたカジュアルコーデが得意

ラフ&カジュアルなアイテムをつかった、落ち着いた深みのある色づかいのファッションが似合います。

アースカラー（大地や空・海、草木の色などの自然がもつ色合い）が多く、豊かな自然をイメージさせるオータムタイプの色（22ページ参照）。この色で着こなすナチュラルタイプのファッションは、まさに〝ザ・ナチュラル〟。野性味のある大人の女性の色気を感じさせます。

逆に、華やかな雰囲気にしたいなら、パプリカ、ティールブルー、プラムなどのマキシワンピに、ブロンズやエスニック調のアクセサリーでモダン&オリエンタルな着こなしをするのがおすすめ。

Cool

サロペットとロングカーディガンのボーダーの色を揃えることで、全体に統一感が出て洗練された印象に。きれいめカジュアルは色数を抑えるのがコツ。

Dress

ストンとしたゆったりシルエットのドレスにはボリューミーなロングネックレスが好相性。ドレスはニュアンスのある色を選んだほうがおしゃれに見えます。

Sweet

色鮮やかなカラーボトムは、おしゃれ上級者を印象づけるインパクト大のアイテム。ボトム以外をベーシックカラーで統一すれば着こなすのは意外と簡単。

おすすめアイテム

オリーブ ×ミリタリージャケット

この一着さえあれば、どんな着こなしもミリタリー風に様変わり。パンツにもスカートにもワンピにも幅広く合わせられます。

パプリカ ×ヒザ下ストレートスカート

ときにはフルーティーなカラーボトムでフレッシュな印象のおしゃれを。トップスの色はベージュ系が馴染みやすくおすすめ。

バニラホワイト ×ローゲージニット

カジュアルなざっくりニットも、ほんのりベージュを含んだ白色で着こなせば、ぬくもりを感じさせる優しく上品な着こなしに。

かけ合わせ例

ウインター×ストレート

知的な魅力を際立たせた都会的な着こなしが得意

Sweet

レザーのタイトスカートは女を格上げしてくれるアイテム。全身をダークカラーでまとめるとハンサムな魅力が際立ち、洗練された印象になります。

Cool

クールなパンツスタイルも淡いトーンでまとめればフェミニンな印象に。バッグや靴などワンポイントをアクセントカラーにしてもすてきです。

Dress

シンプルなドレスはシルエットにこだわりを。ハリのある上質な素材とほどよいフィット感で身体のラインを美しく見せてくれる極上の一着を選んで。

シンプル&ベーシックなアイテムをつかった、人目を引く大胆な色づかいのファッションが似合います。

ストレートタイプは真面目さや硬さを感じさせるアイテムが多いですが、ウインタータイプの色で（24ページ参照）着こなすことで、クールで都会的な印象になります。

逆に、ソフトな雰囲気にしたいときには、パールピンク、モーニングミストなどのアイシーカラー（原色に白を加えてごく薄くした色）のトップスに、スノーホワイトやシルバーグレーのボトムを合わせたコーディネートが◎。砂糖菓子のようなスイートな雰囲気を演出できます。

おすすめアイテム

ミステリアスブラック ×レザーコート

ハンサムな中にもほどよく色気が漂うのがブラックレザーの魅力。定番のコートなら長く着られるので、ぜひ艶のある上質な本革を。

スノーホワイト ×デニムパンツ

ホワイトデニムは、どんなトップスとも相性がよく、爽やかなコーディネートを完成させてくれる万能アイテム。

フューシャ or チェリーピンク ×Iラインワンピ

人目を惹くドラマチックなピンクカラーは、一枚で大胆に着こなすとすてき。ラインの美しさにこだわったシンプルな一着を。

かけ合わせ例

ウインター×ウェーブ

インパクトのある華やかな着こなしが得意

Cool

カジュアルなオールインワンコーデもシャイニーな素材で着こなせばフェミニンな印象に。ほどよいリラックス感がこなれた雰囲気を演出してくれます。

Dress

背中に大胆なVカットが入ったドレスが似合うのは、くっきりとした肩甲骨をもつウェーブタイプ。艶やかな後姿で周囲をはっとさせる美しさを演出。

Sweet

やわらかなフレアスカートには、コンパクトなハイゲージニットを合わせるとバランスよくまとまります。ビビッドカラーで華やかに着こなすとすてき。

フェミニン&ボディコンシャスな（身体のラインを強調するような）アイテムをつかった、人目を引く大胆な色づかいのファッションが似合います。

ウェーブタイプはソフトなイメージのアイテムが多いですが、ドラマチックなイメージのウインタータイプの色（24ページ参照）で着こなせば、インパクトのある華やかな着こなしになります。

逆に、ソフトな雰囲気にしたいときには、スノーホワイト、シルバーグレー、チャコールグレーをつかったグラデーション配色のコーデがおすすめ。やわらかなプリーツスカートやチュールスカートを選べば優しい印象になります。

おすすめアイテム

チャコールグレー ×毛皮のコート

ゴージャスな毛皮のコートも、プレーンな印象のチャコールグレーを選べば、さまざまな着こなしに合わせやすくなります。

シルバーグレー ×タイトスカート

さまざまな色のトップスによく合う万能ボトム。シンプルなアイテムだからこそ、レース生地やベロアなど華やかな素材を選んで。

オーキッド and カメリアピンク ×ツイードのワンピース

ピンクの濃淡が織りなすツイードがキュート。甘いエレガントスタイルがつくれます。

かけ合わせ例

ウインター×ナチュラル

大人クールなモードカジュアルが得意

かけ合わせ例
ウインター×ウェーブ
ウインター×ナチュラル

Sweet

シワ感のある麻や綿素材でできたロングスカートは、できるだけボリューミーなシルエットを選ぶと垢抜けた印象に。足元はフラットシューズが好相性。

Cool

ロング丈のジャケットをラフに着崩したコーデ。マチなしのビッグトートバッグとメンズ用の腕時計を合わせてマニッシュにきめるとかっこいい。

Dress

リラックス感のあるマキシ丈ドレスには、オリエンタルな雰囲気の小物を合わせると個性的なセンスが光る着こなしに。天然石や刺繍をつかったものを選んで。

ラフ&カジュアルなアイテムをつかった、人目を引く大胆な色づかいのファッションが似合います。

ナチュラルタイプは素朴さを感じさせるアイテムが多いですが、ドラマチックなイメージのウインタータイプの色（24ページ参照）で着こなすことで、インパクトのある大人のモードカジュアルになります。

逆に、甘い雰囲気にしたいときには、パールピンクやクリスタルグリーンなどのアイシーカラー（原色に白を加えてごく薄くした色）の透かしニットが◎。インナーやボトムも淡いトーンで統一すれば、スイートなカジュアルに。

おすすめアイテム

チャコールグレー ×ムートンコート

カジュアルなムートンコートも、チャコールグレーを選べば、きれいめな印象に。洗練されたカジュアルスタイルがつくれます。

シルバーグレー ×麻のパンツ

素朴な印象の麻のパンツも、シルバーグレーで着こなせば、クールビューティーなカジュアルスタイルに様変わり。

ラピスラズリ ×タートルネックニット

どこか高貴な印象のラピスラズリなら、タートルネックニットで知的に着こなすとすてき。

Column

「ムダ服」がゼロになる買い物のポイント

ショッピングで 失敗しないための3つの心得

楽しいショッピングを終え、いざ家に帰って冷静になってみたら、「これ、買わなくてもよかったかも……」なんて後悔することはありませんか？「本当にいい買い物をした！」と心から満足できるショッピングをするためには、下記について心得ておくといいでしょう。

1 自分に似合ったお気に入りのコーディネートできめていく

どうしてもほしい好みのアイテムを見つけてしまうと、似合っているかどうかの判断基準がつい甘くなってしまうもの。「自分色」＆「自分シルエット」の似合う服を着ていれば、それが「モノサシ」になります。

2 基本的にひとりで行く

サイズや色違いを揃えて納得がいくまで試着を繰り返したり、気になったお店に戻ったりと、マイペースに行動することができます。

3 少しでも心に引っかかる点があったら、いったん買うのをやめる

どんなに似合っていても、心に引っかかるということは、「似たような服をもっている」「手もちの服と合わない」「値段ほどよくは見えない」「着る機会が思い浮かばない」などの理由で、今の自分には必要のない服なのかもしれません。

色とシルエットを基準に 「流行もの」に挑戦

年齢を重ねるにつれ自分にふさわしい着こなしが徐々にわかってくる方は多いでしょう。その人らしい好みや価値観が反映された一貫性のあるスタイルは、周囲に安定感のある印象を与え、とてもすてきに見えるものです。

ただ“自分スタイル”は永遠に完成しないのが現実です。程度の差こそあれ、世の中もまたわたしたち自身も、常に変化していくものだからです。どんなに気に入っていた着こなしも、それに飽きてしまったり、しっくりこないという違和感を覚えたり、なんだか古い感じがしてしまうときが必ずやってきます。

そのような際には、思い切ってトレンドアイテムを取り入れてみると、新鮮な魅力が加わります。アイテムはなんでもOKですが、着こなすのが難しそうに感じられるなら、まずはバッグ、アクセサリー、靴などの小物類から始めてみるのがおすすめ。「自分色」と「自分シルエット」に当てはまるものを探してみてください。

デザインが若すぎると感じるアイテムなら、黒、グレー、ネイビーなどのダークカラーを選ぶと、大人っぽさが加わり上品に着こなせます。また奇抜にも思える尖ったデザインのアイテムなら、翌シーズン以降になると、当初よりもベーシック寄りにアレンジしたものが出てくるケースは多いので、次のシーズンを待って購入してみるのもおすすめです。

ブレないスタイルをもちながらも、ときにはトレンドアイテムも取り入れる遊び心を大切に、鮮度のある自分らしい装いを楽しんでみてください。

似合う服しか入っていない あなたらしいすてきなクローゼットに

本書では自分に似合う「色」と「シルエット（形と素材感）」の見極め方とその使いこなし方を紹介してきましたが、さまざまな要素を含んだ内容ということもあり、一度読んだだけでは理解しづらかったという方も少なくないことと思います。

特に「素材感」については、「色」や「形」に比べるとその微妙なニュアンスを紙面上でわかりやすく表現することはなかなか難しく、やはり実際にいろいろな服を着比べることが、本書について理解を深められるいちばんの近道かと思います。

おすすめの方法は、姿見の前でクローゼットの服をすべて着比べてみることです。鏡に全身を映してみれば、スタイルがよくきれいに見える服とそうでない服との違いがとてもよくわかるもの。どのような色・形・素材感が自分には似合うのか、本書を読んだだけでは腑に落ちなかった方も、心の底から納得できるようになることと思います。

なによりも自分の似合う服しか収納されていないクローゼットはとても心地がよいものです。手間はかかりますが、クローゼットの整理も兼ねて一度じっくり取り組んでいただければと思います。

そして自分に似合う服をつかめたら、ぜひそこにあなたらしいセンスも加えて、のびやかにおしゃれを楽しんでいただければ、嬉しく思います。

おわりに

若い頃、わたしはショップで試着をするたび、いつもどこかに違和感を覚えていました。どうしても「着られている」感じがついてまわる。でも店員さんは「お客様はお背が高いのでよくお似合いです」と褒めてくれます（お仕事ですから当たり前ですね）。

そんなときに、骨格診断に出会いました。骨格診断研究家の二神弓子先生からすすめられたのは、ファンシーツイードと台形ミニスカートのツーピース。背の高さがコンプレックスだったわたしは「似合うわけがない、こんなかわいい服は小柄な女の子でないと着こなせない！」と激しく抵抗しました。

しかし「騙されたと思って着てごらん」という先生の一言で、試着を決心。そしてその試着室で、わたしははじめて自分に似合う服を知ったのです。

それまで好きで着ていた服はストレートタイプのもの。身長が高いことはかっこいいと思いたい一心で、必要以上に辛口系のファッションを選んでいました。ウェーブのわたしが着るとスタイルの欠点ばかり強調して長所を隠し、さらに貧相な印象になってしまう服だったのです。

ただ、わたしは自分の骨格タイプの服が好みではなかったので、ウェーブタイプの条件を満たしつつ甘口にならないスタイルを長年探求しました。工夫次第で骨格タイプの条件を満たしながら甘辛の調整は可能です。

また、パーソナルカラーにはどのシーズンのパレットにも甘口辛口、地味な色派手な色が存在します。骨格タイプによるシルエットで希望を満たせない場合は、色で補足するとよいでしょう。直接顔にのせるメイクカラーはダイレクトに美容効果が得られるので、特に取り入れたいところです。

ぜひみなさまも、骨格とパーソナルカラーを自分のものにし、〝好き〟と〝似合う〟の両立を目指していただきたいと願っております。

監修者　二神弓子

本書は2015年4月に小社より刊行した『骨格診断®とパーソナルカラー診断で見つける似合う服の法則』を再編集したものです。

骨格診断《こっかくしんだん》®とパーソナルカラー診断《しんだん》で
わたしの魅力《みりょく》を引《ひ》き出《だ》す
似《に》合《あ》う服《ふく》のルール

2017年10月1日　第1刷発行

監修者	二神《ふたかみ》　弓子《ゆみこ》
著　者	森本《もりもと》　のり子《こ》
発行者	中村　誠
印刷所	図書印刷株式会社
製本所	図書印刷株式会社
発行所	株式会社日本文芸社 〒101-8407 東京都千代田区神田神保町1-7 TEL　03-3294-8931（営業） 03-3294-8920（編集）

Printed in Japan 112170921-112170921 Ⓝ01
ISBN978-4-537-21503-8
URL　http://www.nihonbungeisha.co.jp/

（編集担当：前川）

監修者

二神弓子　ふたかみ　ゆみこ

株式会社アイシービー代表取締役社長。一般社団法人骨格診断ファッションアナリスト認定協会代表理事。ミスインターナショナルトレーニングディレクター。研修会社で外見力セミナーを担当し26歳で起業。スクールと研修会社を経営する中、イメージコンサルタントとして20年間で約13,000人の指導実績を持つ。著書に『骨格診断×パーソナルカラー本当に似合う服に出会える魔法のルール』（西東社）、『骨格診断®とパーソナルカラー診断で見つけるもっと似合う髪型の法則』（日本文芸社、監修）などがある。

著者

森本のり子　もりもと　のりこ

イメージコンサルタント。一般社団法人骨格診断ファッションアナリスト認定協会理事。「Baby-G」をはじめとする腕時計の企画に携わった後に独立し女性のプロデュース業に従事。“本来の自分らしさを生かせば、誰もがもっと心豊かに人生を楽しめる”という信念のもと、その人らしさを引き出す似合うファッションや、強みと価値観に合ったライフスタイル等を提言する個人コンサルティングを行なっている。著書に『がんばった分だけ認められる　女子の仕事術』（日本実業出版社）、『一生使える服選び』（宝島社）、『骨格診断®とパーソナルカラー診断で見つけるもっと似合う髪型の法則』（日本文芸社）などがある。

デザイン	佐々木恵実（ダグハウス）
イラスト	さとうあゆみ
編集協力	上野洋子
写真撮影（ふろく布）	天野憲仁（日本文芸社）